Reichsgerichts-Entscheidungen

in kurzen Auszügen

Strafsachen Band 69

1937

München, Berlin und Leipzig

J. Schweitzer Verlag (Arthur Sellier)

Printed in Germany.

Druck von Dr. F. P. Datterer & Cie., Freising-München.

Von dieser Sammlung erschienen folgende Bändchen:

I. Zivilsachen:	Bd.	76—100	. . .	je RM.	0.80
	„	101—140	. . .	je RM.	1.—
	„	141—148	. . .	je RM.	2.—
Serien:	„	76—148	mit 3 Reg.	zus. RM.	75.—
	„	81—148	83—119	zus. RM.	71.—
	„	91—148	120—130 131—140	zus. RM.	64.—
	„	101—148		zus. RM.	57.—
	„	111—148		zus. RM.	48.—
	„	121—148		zus. RM.	33.—
Gesamtregister zu	Bd.	83—119	. . . .	RM.	6.—
Gesamtregister zu	Bd.	120—130	. . . .	RM.	1.80
Gesamtregister zu	Bd.	131—140	. . . .	RM.	1.50
II. Strafsachen:	Bd.	45—55	. . .	je RM.	0.80
	„	56—64	. . .	je RM.	1.—
	„	65—68	. . .	je RM.	2.—

Serie: Bd. 45—69 mit Ges.-Reg. zu Bd. 45—60 zus. RM. 28.—
Gesamtregister zu Band 45—60 . . . . RM. 3.70

Jedes Bändchen entspricht einem Bande der amtlichen Sammlung.

1. Versicherungsbetrug. Betrügerische Absicht. (StGB. §§ 73, 265, 306.) Eine Frau setzte den Stall und Stadel ihres Anwesens in Brand, um sie mittels der Versicherungssumme neu aufbauen zu können. Sie wurde wegen Brandstiftung und Versicherungsbetrugs verurteilt. Ihr Bruder zündete nun auch das Wohnhaus an, teils um die häßlichen Überreste der früher niedergebrannten Gebäude gänzlich zu beseitigen, teils um Grundlagen für ein Wiederaufnahmeverfahren zugunsten seiner Schwester zu schaffen und diese auf solche Weise in den Besitz der Versicherungssumme zu bringen. Er wurde gleichfalls wegen Brandstiftung und Versicherungsbetrug verurteilt. Das Reichsgericht brachte die Verurteilung wegen Versicherungsbetrugs in Wegfall. Soweit der Angeklagte seiner Schwester die Versicherungssumme für das von ihm selbst in Brand gesetzte Wohnhaus verschaffen wollte, wurde deren Anspruch durch sein Handeln nicht beeinträchtigt, da eine Teilnahme der Schwester an dieser Handlung nicht in Frage kam; die Absicht des Angeklagten ging also insoweit nur dahin, seiner Schwester eine ihr von Rechts wegen zustehende Entschädigung zu erwirken. Von einer betrügerischen Absicht konnte unter diesen Umständen nicht gesprochen werden. Soweit der Angeklagte durch seine Tat ein Wiederaufnahmeverfahren zugunsten seiner Schwester herbeiführen und ihr auf solchem Wege auch die Durchführung ihrer Ansprüche auf die Versicherungssumme für den Stall und Stadel ermöglichen wollte, handelte er allerdings in betrügerischer Absicht; diese deckte sich aber nicht mit dem im § 265 StGB. aufgestellten Merkmal der betrügerischen Absicht, denn dieses ist nach Wortlaut und Sinn des Gesetzes nur gegeben, wenn sich die betrügerische Absicht des Brandstifters gerade auf die von ihm angezündete versicherte Sache und auf die Verschaffung der Versicherungssumme bezieht, die hiefür zu zahlen ist. Zu einer Aufhebung des Urteils bestand kein Grund, da die Strafe aus § 306 StGB. entnommen war und das Schwurgericht voraussichtlich zu keinem anderen Ergebnis gekommen wäre, wenn es das Vorliegen eines Versicherungsbetrugs verneint hätte. (I, 19. Oktober 1934.) Amtl. Sammlg. S. 1—3.

Vgl. Bd. 59 S. 220; Bd. 62 S. 297.

2. Münzverbrechen. Vorsatz. Eignung zur Täuschung. Nachmachen. (StGB. §§ 49a, 146, 147, 151.) Mehrere Personen faßten den Plan, 2—3 Millionen Schweizer Franken in Hundertfrankennoten herzustellen und sie durch Austausch gegen echte Noten in ein Bankdepot hineinzuschmuggeln. Einer von ihnen stellte zwei Scheine zur Probe her; diese befriedigten nicht vollständig. Ehe weitere Scheine hergestellt werden konnten, wurde der Plan entdeckt. Die Verurteilung wegen Münzverbrechens wurde vom Reichsgericht nicht gebilligt. Allerdings war mindestens der eine der Scheine als Nachmachung anzusehen; auch traf die Ausführung des angefochtenen Urteils zu, daß ein Münzverbrechen vollendet ist, sobald ein Falschstück geeignet ist, einen arglosen Betrachter im gewöhnlichen Verkehr zu täuschen, während es nicht nötig ist, daß der Täter selbst dieses Stück für geeignet zu Täuschung hält und in den Verkehr bringen will. Nach allgemeiner Regel muß der Tatbestand als verwirklicht, die Tat als vollendet gelten, wenn der Täter mit dem im Gesetz vorgesehenen Vorsatz und mit der dort vorgesehenen Absicht die der Verwirklichung dienende äußere Handlung vornimmt und die Handlung den Erfolg wirklich herbeiführt; ob sich der Täter dessen bewußt wird, daß der Erfolg eingetreten ist, oder ob er etwa irrtümlich glaubt, sein Tun sei erfolglos geblieben, kann dann nicht von Belang sein. Zum Tatbestand des § 146 StGB. gehört aber weiter, daß das nachgemachte Geld als echtes gebraucht oder sonst in den Verkehr gebracht wird. Das war nicht mit genügender Sicherheit nachgewiesen. Wenn wirklich die beiden Scheine nur Probescheine waren, an deren Verwendung keinesfalls gedacht wurde, lag weder ein vollendetes, noch ein versuchtes Münzverbrechen vor. Dagegen kam die Anwendung des § 151 in Frage. Der Tatbestand dieser Vorschrift wurde dadurch nicht ausgeschlossen, daß die Stiche oder Platten zunächst nur dazu dienen sollten, Probestücke herzustellen; auch in diesem Falle waren sie zur Anfertigung der falschen Geldscheine dienlich und konnten wohl auch im Sinne der Beteiligten zur Durchführung des geplanten Münzverbrechens verwendet werden, wenn die Probestücke befriedigend ausfielen. Der hiedurch verwirklichte Tatbestand fiel auch damit nicht wieder weg, daß die Platten nachträglich vernichtet wurden. Wenn der Verfertiger der falschen Scheine diese einem der Teilnehmer des Planes zu dem Zwecke gab, daß dieser sie in den Verkehr bringe, lag bei ihm kein Verbrechen nach § 147 StGB. vor, weil er die Scheine nicht als echte hingab; wohl aber konnte er, wenn die Scheine weiter gegeben wurden, als Anstifter, Mittäter oder Gehilfe gestraft werden. Auch ein Vergehen gegen § 49a StGB. konnte in Frage kommen. (I, 26. Oktober 1934.)

Amtl. Sammlg. S. 3—8.

3. **Sicherungsverwahrung. Nachträgliche Anordnung. Verjährung.** (GewVerbrG. 5, StGB. §§ 20a, 67.) Eine im Jahre 1923 ausgesprochene Zuchthausstrafe von zwei Jahren war wegen Haftunfähigkeit der Verurteilten erst vom 9. März 1932 an in Vollzug gesetzt worden. Die nachträgliche Anordnung der Sicherungsverwahrung wurde vom Reichsgericht an sich für zulässig erklärt. Durch die Sicherungsverwahrung soll nicht die vergangene Straftat gesühnt, sondern die in der Gegenwart und Zukunft drohende Gefährdung der Allgemeinheit behoben werden. Die nachträgliche Anordnung der Sicherungsverwahrung soll einer solchen Gefährdung vorbeugen, soweit sie von gefährlichen Gewohnheitsverbrechern zu erwarten ist, die vor dem Inkrafttreten des Gesetzes verurteilt worden sind, aber die Strafe noch verbüßen. Schon deshalb kommt dem Zeitablauf seit der Begehung der letzten Straftat oder seit der letzten Verurteilung keine erhebliche Bedeutung zu; gesetzliche Bestimmungen, die dem Zeitablauf hier eine rechtsvernichtende Wirkung zusprechen, sind als Ausnahmevorschriften streng auszulegen. Art. 5 GewVerbrG. erklärt den § 20a StGB. für anwendbar. Diese Vorschrift bestimmt für die drei Verurteilungen, die für die dort angeordnete Strafschärfung maßgebend sind, daß solche Verurteilungen nicht herangezogen werden dürfen, deren Rechtskraft mehr als 5 Jahre vor der Tat eingetreten sind, die der nächsten maßgeblichen Verurteilung zugrunde liegt. Eine dem Gesetzeszweck widersprechende Abweichung wäre es, wenn im Falle des Art. 5 GewVerbrG. auch die letzte Verurteilung als nicht in Betracht kommend bezeichnet würde, wenn sie mehr als 5 Jahre vor der Entscheidung über die nachträgliche Anordnung zurückliegt. Nach § 67 StGB.

erlischt zwar mit der Verjährung der Strafverfolgung auch die Befugnis, auf Grund der Tat Maßregeln der Sicherung oder Besserung anzuordnen. Diese Regelung kann aber von vorneherein nicht für die nachträgliche Anordnung der Sicherungsverwahrung oder der Entmannung gelten; denn diese wird auf Grund von rechtskräftigen Verurteilungen getroffen, nach denen die Strafverfolgung nicht mehr der Verjährung unterworfen, sondern abgeschlossen ist. Das Urteil wurde aufgehoben, weil das Verhalten und die innere Entwicklung des Angeklagten während der langen Zwischenzeit nicht erörtert worden waren. (II, 8. November 1934.) Amtl. Sammlg. S. 8—10.

4. **Entmannung. Rückfallverjährung. Strafregister.** (StGB. §§ 20a, 42k; StrTilgG. § 5.) Der Anordnung der Entmannung können frühere Verurteilungen nicht zugrunde gelegt werden, wenn zwischen dem Eintritt ihrer Rechtskraft und der folgenden Tat mehr als 5 Jahre verstrichen sind; eine frühere Tat, die noch nicht rechtskräftig abgeurteilt ist, kommt nicht in Betracht, wenn zwischen ihr und der folgenden Tat mehr als 5 Jahre verstrichen sind. Dagegen ist dem Tatrichter nicht verwehrt, die früheren, der Rückfallverjährung anheimgefallenen Taten als Beweisanzeichen bei der Prüfung der Frage zu verwenden, ob die neuen Taten, die als Grundlage für die Sicherungsmaßnahme in Betracht kommen, die Persönlichkeit des Angeklagten als die eines gefährlichen Sittlichkeitsverbrechers kennzeichnen. Das gleiche gilt auch für Verurteilungen, die im Strafregister gelöscht sind. Sie gelten nicht mehr als Bestrafungen im Sinne solcher Vorschriften, die eine schwerere Strafe für den Fall anordnen, daß der Täter bereits bestraft ist. Trotzdem kann eine im Strafregister getilgte Vorstrafe zur Beurteilung der Persönlichkeit des Angeklagten herangezogen, insbesondere auch als allgemeiner Straferhöhungsgrund verwandt werden. (III, 12. November 1934.)

Amtl. Sammlg. S. 11—12.

5. **Unterbringung in einer Heilanstalt. Rechtsmittel.** (StGB. §§ 51, 42b; StPO. § 258.) Gegen ein Urteil, durch das auf Freisprechung wegen mangelnder Zurechnungsfähigkeit erkannt, gleichzeitig aber die Unterbringung in einer Heilanstalt angeordnet wurde, legte der Angeklagte Revision ein. Das Reichsgericht hob die An-

ordnung auf und verwies die Sache zurück. Aus den Feststellungen des Landgerichts ergab sich allerdings, daß der Angeklagte eigener Hemmungen entbehrte und daß daher die öffentliche Sicherheit zum Schutze gegen künftige ähnliche Taten eine Sicherung erforderte, die durch die Aufnahme in eine Heilanstalt geschaffen werden konnte; dagegen ergab sich nicht einwandfrei, daß die Unterbringung in einer Anstalt die einzig mögliche Art der notwendigen und ausreichenden Sicherung war. Es war denkbar, daß Verwandte des Angeklagten (eines schwachsinnigen alten Mannes) eine für die öffentliche Sicherheit ausreichende Betreuung und Bewachung leisten konnten und wollten und daß diese Bewachung auch eine ausreichende Gewähr für Verhinderung neuerlicher Vorkommnisse bot. Die Aufhebung des Urteils hatte sich auf die Anordnung der Unterbringung zu beschränken. Durch die Freisprechung war der Angeklagte nicht beschwert; er konnte sie also nicht anfechten. Es war dabei ohne Bedeutung, daß sich die Freisprechung auf die Annahme einer Geisteskrankheit des Angeklagten stützte; die Begründung eines Urteils kann nicht durch Rechtsmittel angefochten werden. Daraus folgte aber nicht, daß nunmehr das Landgericht bei der neuen Verhandlung und Entscheidung die Tat und den Geisteszustand des Angeklagten nicht mehr zu prüfen hatte. Diese Prüfung mußte von neuem angestellt werden, denn Voraussetzung für die Anordnung der Unterbringung ist nicht allein, daß die öffentliche Sicherheit diese Maßregel fordert, sondern auch, daß der Angeklagte eine mit Strafe bedrohte Tat im Zustand mangelnder oder geminderter Zurechnungsfähigkeit begangen hat. Infolgedessen war ein Ergebnis der neuen Verhandlung denkbar, wonach die Zurechnungsfähigkeit des Angeklagten angenommen und demgemäß seine Unterbringung in einer Anstalt abgelehnt wurde. Die Freisprechung blieb gleichwohl bestehen. (I, 20. November 1934.) Amtl. Sammlg. S. 12—14.

Vgl. Bd. 68 S. 149, 158.

6. **Untreue. Treubruch. Treuverhältnis.** (StGB. § 266.) Die nationalsozialistische Volkswohlfahrt veranstaltete im September 1933 in Berlin einen Volkssporttag. Eine Buchdruckerei, bei der eine große Menge Eintrittskarten bestellt wurden, rechnete in den Preis 100 *RM*

Provision für den Besteller ein; das hatte sie ihm vorher mitgeteilt. Die Volkswohlfahrt zahlte den Preis; zu einer Aushändigung der 100 RM kam es nicht, da der Besteller vorher verhaftet worden war. Seine Verurteilung wegen Untreue wurde vom Reichsgericht nicht bestätigt. Es hätte vor allem dargelegt werden müssen, welches Rechtsverhältnis als vorliegend angesehen wurde; das war von Bedeutung, weil daraus zu entnehmen war, ob der Angeklagte Anspruch auf Entgelt hatte und inwieweit für ihn eine Verpflichtung zur Wahrnehmung der Vermögensinteressen der Volkswohlfahrt bestand. Hätte das Urteil das Vorliegen eines vertraglichen Rechtsverhältnisses verneinen und die Verurteilung lediglich auf die Verletzung eines tatsächlichen Treuverhältnisses stützen wollen, so hätte es den Inhalt dieses Treuverhältnisses im einzelnen untersuchen und feststellen müssen. Es war nicht von allgemeinen, aus dem Begriff des Treuverhältnisses gezogenen Erwägungen auszugehen, sondern es waren auch die besonderen Verhältnisse zu berücksichtigen; insbesondere waren die Übungen und Gebräuche zu beachten, wie sie sich für diese Verhältnisse im Leben, im Handel und Wandel, herausgebildet haben. Wenn keine vertraglichen Abmachungen getroffen worden waren, konnte von dem Angeklagten eine unentgeltliche Dienstleistung nur verlangt werden, wenn dafür besondere Umstände sprachen. Der Angeklagte hatte die Veranstaltung solcher Festlichkeiten zu seinem Berufe gemacht und mußte davon leben; da die Veranstaltung einen Reingewinn von 20000 RM abgeworfen hatte, mußte die Provision von 100 RM als gering bezeichnet werden. Das Urteil hatte zudem festgestellt, daß solche Provisionen brancheüblich sind; damit, daß sie auf den Unternehmer abgewälzt werden, ist nach der Erfahrung des Lebens zu rechnen. Es fehlte auch eine Feststellung, ob der Angeklagte wußte oder damit rechnete, daß die Druckerei die 100 RM Provision einbeziehen würde, ohne das zum Ausdruck zu bringen. Damit hing die Frage zusammen, ob der Angeklagte, wenn er mit einer Täuschung der Volkswohlfahrt nicht rechnete, sich bewußt gewesen war, durch sein Verhalten der Volkswohlfahrt Schaden zuzufügen. Der außerordentlich weitgesteckte Rahmen des äußeren Tatbestandes des § 266 StGB. macht es nötig, an den

Nachweis des inneren Tatbestandes strenge Anforderungen zu stellen. (II, 26. November 1934.)

Amtl. Sammlg. S. 15—18.

Vgl. Bd. 68 S. 371.

7. **Hauptverhandlung in Abwesenheit des Angeklagten. Unterbrechung. Trennung. Verbindung.** (StPO. §§ 229, 230, 231, 233, 338.) In einer großen Sache gegen mehrere Angeklagte hatte sich die Hauptverhandlung mehrere Monate hingezogen. Einzelne von den Angeklagten waren an Tagen, an denen gegen andere Angeklagte verhandelt wurde, ohne Entschuldigung weggeblieben. Das Gericht faßte nun einen Beschluß, daß jeder Angeklagte, der wegbleiben wolle, spätestens bei Beginn der weiteren Verhandlung eine Erklärung beizubringen habe, daß er freiwillig weggeblieben sei. Darin lag kein Verstoß gegen die Verfahrenvorschriften. Die Leitung der Verhandlung obliegt dem Vorsitzenden. Dieser hatte, wenn er es zur geordneten Weiterführung der Verhandlung für erforderlich hielt, das Recht, die Angeklagten, die der Verhandlung ferngeblieben waren, darauf hinzuweisen, daß das Gericht beim Ausbleiben eines Angeklagten zur Fortführung der Verhandlung nur dann berechtigt sei, wenn dies Ausbleiben freiwillig war und nicht auf Verhinderungsgründen beruhte, die von seinem Willen nicht abhingen. Die Anordnung, daß eine Erklärung über den Grund des Fernbleibens abzugeben sei, ließ sich deshalb nicht beanstanden. Unzulässig wäre es allerdings gewesen, wenn das Gericht durch den Beschluß zum Ausdruck gebracht hätte, daß es die Verhandlung ohne die ausgebliebenen Angeklagten fortsetzen wolle, da es deren fernere Anwesenheit nicht für erforderlich erachte. Nach der dienstlichen Äußerung der Gerichtsmitglieder waren aber die Angeklagten auf Anfrage dahin beschieden worden, daß ihnen nicht gestattet werden könne, sich aus der Sitzung zu entfernen, daß also ihr Ausbleiben nicht gebilligt werde. Als einer der Angeklagten erkrankte, wurde beschlossen, das Verfahren gegen ihn abzutrennen. An den folgenden 10 Tagen trug der Staatsanwalt seine Schlußausführungen gegen einen anderen Angeklagten vor. Nachdem der erkrankte Angeklagte wieder verhandlungsfähig geworden war, wurde der Abtrennungsbeschluß wieder aufgehoben. Dies Vorgehen war nicht

rechtswidrig. Durch die Abtrennung war das Verfahren in dem Abschnitt, in dem es sich eben befand, beim Gericht anhängig geblieben, und dies konnte, nachdem sich die Verhandlungsfähigkeit des Angeklagten ergeben hatte, die Wiederverbindung des Verfahrens mit dem übrigen Verfahren anordnen. Rechtswidrig wäre das nur gewesen, wenn durch die Abtrennung und Wiederverbindung ein unzulässiger Zweck verfolgt wäre, etwa der, die verfahrensrechtlichen Folgen aufzuheben, die sich aus der bisherigen Verbindung ergeben hatten, oder den Beschwerdeführer während eines Teiles der Hauptverhandlung zu beurlauben. Das war nicht der Fall gewesen. In der Zeit der Abwesenheit des Angeklagten war nicht gegen ihn verhandelt worden; weder er noch sein Verteidiger brauchten an den Sitzungen teilzunehmen, die nur gegen die anderen Angeklagten abgehalten wurden. Allerdings hätte das Verfahren spätestens am vierten Tage nach der Unterbrechung fortgesetzt werden sollen. Die Verletzung dieser Vorschrift stellt aber keinen unbedingten Revisionsgrund in dem Sinne dar, daß sie notwendig zur Aufhebung des Urteils führen müßte; vielmehr ist zu untersuchen, ob das Urteil auf ihr beruht. Der Zweck der Vorschrift ist, zu verhindern, daß durch eine längere Unterbrechung der unmittelbare Gesamteindruck der mündlichen Verhandlung abgeschwächt wird, der für die richtige Beurteilung der Schuldfrage notwendig ist. In einem großen Verfahren gegen mehrere Angeklagte mit umfangreicher Beweisaufnahme schieben sich aber zwischen die Tage, an denen gegen einen Angeklagten verhandelt wird, oft längere Zeiträume. Bei dieser Sachlage war es ausgeschlossen, daß durch die Aussetzung der Hauptverhandlung gegen den erkrankten Angeklagten der lebendige Eindruck der mündlichen Verhandlung mehr abgeschwächt und die Zuverlässigkeit der Erinnerung mehr beeinträchtigt wurde, als wenn er an den ausgefallenen Tagen zwar anwesend gewesen wäre, die Verhandlung sich aber nur auf Klagepunkte beschränkt hätte, die ihn nicht berührten. Sowohl er als auch sein Verteidiger hatten ausdrücklich auf die Wiederholung der Ausführungen verzichtet, die der Staatsanwalt während seiner Abwesenheit gemacht hatte. (II, 29. November 1934.)

Amtl. Sammlg. S. 18—24.

Vgl. Bd. 6 S. 280; Bd. 22 S. 247; Bd. 53 S. 332; Bd. 57 S. 266, 271, 423; Bd. 58 S. 149; Bd. 60 S. 163.

8. **Sicherungsverwahrung. Gesamtstrafe.** (GewVerbrG. Art. 5.) Die Sicherungsverwahrung wurde auf Grund einer Zuchthausstrafe von 2 Jahren angeordnet, die mit anderen Strafen zu einer Gesamtstrafe von 2 Jahren 9 Monaten Zuchthaus verbunden worden war; die Taten, die den übrigen Einzelstrafen zugrunde lagen, wurden nicht in die Würdigung einbezogen. Das Reichsgericht billigte das, obwohl der Angeklagte, wenn er nur die Zuchthausstrafe von 2 Jahren zu verbüßen gehabt hätte, schon vor dem 1. Januar 1934 aus der Strafhaft entlassen worden wäre. Die Einzelstrafe steckte nun einmal in der Gesamtstrafe von 2 Jahren und 9 Monaten Zuchthaus und bildete mit ihr eine untrennbare Einheit; also hatte auch sie als erst nach dem 1. Januar 1934 verbüßt zu gelten. Ob die anderen Taten an sich ausreichten, um den Angeklagten als gefährlichen Gewohnheitsverbrecher erscheinen zu lassen, war belanglos. (I, 30. November 1934.) Amtl. Sammlg. S. 25.

Vgl. Bd. 68 S. 359.

9. **Eidesstattliche Versicherung. Patentamt.** (StGB. § 156; PatG. § 30; ZPO. §§ 377, 391.) In einem vor dem Reichspatentamt anhängigen Nichtigkeitsverfahren wurden falsche Versicherungen an Eides Statt abgegeben. Die Frage, ob das Reichspatentamt für die Entgegennahme der Versicherungen zuständig war, wurde vom Reichsgericht bejaht. Da das Patentamt Zeugen vernehmen und beeidigen kann, besteht kein Grund dafür, ihm für das Beweisverfahren nicht dieselben Befugnisse zuzugestehen, die § 377 ZPO. für die ordentlichen Gerichte vorsieht. Bei dem das Verfahren vor dem Patentamt beherrschenden Grundsatz des Amtsbetriebes steht auch nichts im Wege, daß das Patentamt seine Entschließung über die Vernehmung von Zeugen dadurch vorbereitet, daß es sich durch schriftliche Anfrage bei diesen vergewissert, ob sie etwas Sachdienliches aussagen können. Da das Verfahren freier gestaltet ist als jenes vor den ordentlichen Gerichten, werden weiterhin auch solche eidesstattliche Versicherungen von Zeugen wirksam sein können,

welche die Streitteile ohne Verlangen des Patentamts angebracht haben (V, 17. Dezember 1934.)

Amtl. Sammlg. S. 26—27.
Vgl. Bd. 67 S. 408; RGZ. Bd. 74 S. 209.

10. Urkundenfälschung. Falschbeurkundung. (StGB. §§ 267, 268, 348, 349.) Einem Landbriefträger wurden 40 *RM* mit dem Ersuchen übergeben, sie auf eine Zahlkarte bei der Postanstalt einzuzahlen. Er stellte darüber einen Einlieferungsschein aus, lieferte aber der Postanstalt nur 25 *RM* ab und trug auch nur diesen Betrag in sein Annahmebuch ein. Den Rest verwandte er für sich. Zehn Tage später trug er diesen Betrag als an diesem Tage empfangen in sein Annahmebuch ein und lieferte ihn mit einer neuen Zahlkarte bei der Postanstalt an. Den Einlieferungsschein ließ er sich zurückgeben und änderte ihn in der Weise ab, daß ein um zehn Tage späterer Tag als Absendungstag erschien. Er wurde wegen falscher Beurkundung im Amt verurteilt. Das Reichsgericht verwarf seine Revision, bemerkte aber, daß er nicht wegen Falschbeurkundung, sondern wegen Urkundenfälschung hätte verurteilt werden sollen. Der Einlieferungsschein war als öffentliche Urkunde anzusehen. Die Tat des Angeklagten stellte sich als Eingriff in den Anspruch auf Unversehrtheit dieser Urkunde dar, der nicht nur dem Inhaber des Scheines, sondern auch der Postverwaltung und sonstigen Beteiligten zustand. Daher hätte auch die Zustimmung des Absenders des Geldes dem Angeklagten nicht das Recht geben können, die Änderung vorzunehmen, weil es sich um eine öffentliche, für und gegen jedermann beweiskräftige Urkunde handelte. Demgemäß stellte die Änderung auch keine Falschbeurkundung dar; denn zu einer solchen gehört, daß der Beamte im Rahmen seiner Befugnis handelt. Der Rechtsfehler beschwerte den Angeklagten insofern, als nach § 268 StGB., auch wenn es sich um die Verfälschung einer öffentlichen Urkunde handelt, bei Annahme mildernder Umstände auf Gefängnisstrafe erkannt werden kann, während diese Möglichkeit in § 349 StGB. nicht vorgesehen ist. Das Reichsgericht führte aber aus, daß der Rechtsfehler im gegebenen Falle gleichwohl den Strafausspruch nicht berühre und daß aus besonderen Gründen auch keine Berichtigung

der Formel des angefochtenen Urteils nötig sei. (III, 20. Dezember 1934.) Amtl. Sammlg. S. 28—29.
Vgl. JW. S. 1594.

11. Aberkennung der Eidesfähigkeit. Geistige Minderwertigkeit. Umwandlung von Zuchthausstrafe in Gefängnisstrafe. (StGB. §§ 19, 21, 44, 51, 153, 161.) Gegen einen geistig minderwertigen Angeklagten wurde wegen Meineids eine Gefängnisstrafe von 8 Monaten erkannt; zugleich wurde er für dauernd unfähig erklärt, als Zeuge oder Sachverständiger eidlich vernommen zu werden. Das Reichsgericht verwies die Sache zurück. Fehlerhaft war die Bemessung der Strafe. Hatte der Angeklagte nach der Überzeugung des Schwurgerichts Zuchthausstrafe unter einem Jahre verdient, so war diese in Gefängnis zu verwandeln. Zunächst war also die Dauer der Zuchthausstrafe, und zwar gemäß § 19 StGB. in vollen Monaten, zu bemessen, und dann die Umwandlung nach dem Maßstabe des § 21 StGB. (2:3) vorzunehmen. Die erkannte Gefängnisstrafe ließ sich aber nach dem gesetzlichen Umwandlungsmaßstabe nicht auf eine Zuchthausstrafe von vollen Monaten zurückführen. Es war nicht ausgeschlossen, daß der Fehler die Strafbemessung zuungunsten des Angeklagten beeinflußt hatte. Unbedenklich war dagegen, daß auf die Nebenstrafe der Eidesunfähigkeit erkannt worden war. Nach § 51 StGB. ist allerdings bei geminderter Zurechnungsfähigkeit die Strafe nach den Vorschriften über die Bestrafung des Versuchs zu mildern; und nach der bisherigen Rechtsprechung kann auf Eidesunfähigkeit nicht erkannt werden, wenn nur wegen Versuchs des Meineids eine Strafe ausgesprochen wird. Das Reichsgericht ließ dahingestellt, ob diese Auffassung einer Überprüfung auf Grund der heutigen Rechtsanschauung standhielte; im vorliegenden Falle hatte sich aber der Angeklagte eines vollendeten Meineids schuldig gemacht und nur eine in seiner Person liegende Eigenschaft war es, die dem Richter gestattete, die Strafe wie beim Versuch zu mildern. (III, 20. Dezember 1934.)
Amtl. Sammlg. S. 29—31.
Vgl. Bd. 13 S. 76; Bd. 60 S. 289.

12. Entmannung. Sicherungsverwahrung. (StGB. §§ 20a, 42c, 42k.) Das Landgericht hatte in den Urteilsgründen dargelegt, daß die Entmannung im Vergleich

mit der dauernden Sicherungsverwahrung für den Angeklagten das geringere Übel darstelle. Das Reichsgericht erklärte diese Ausführungen für gegenstandslos, da die Anordnung der Entmannung nach den gesetzlichen Vorschriften zulässig war. Mit ihr hat der Gesetzgeber der Strafrechtspflege ein Mittel an die Hand gegeben, die Allgemeinheit vor weiteren Untaten einer bestimmten Art von Sittlichkeitsverbrechern auf eine Weise zu schützen, die nach den bisherigen Erfahrungen und nach dem derzeitigen Stande der Wissenschaft am wirksamsten ist. Mit Rücksicht auf ihre tiefgreifenden Wirkungen soll sie nur nach sorgfältiger Prüfung aller Umstände angeordnet werden. Die Frage, ob sie durch Sicherungsverwahrung ersetzt werden kann, gewinnt nur Bedeutung, wenn zugleich die Merkmale vorliegen, an die diese Maßnahme geknüpft ist. Die Voraussetzungen decken sich nicht. Der Begriff des gefährlichen Sittlichkeitsverbrechers ist von dem des gefährlichen Gewohnheitsverbrechers verschieden. Infolgedessen wäre es ungesetzlich, in einem Falle, in dem zwar die Entmannung, nicht aber die Sicherungsverwahrung zulässig ist, diese Maßnahme an Stelle der Entmannung anzuordnen, weil sie für den Täter das geringere Übel darstelle. Sind die Voraussetzungen für beide Maßnahmen gegeben, so können sie nebeneinander angeordnet werden. Ob eine von ihnen genügt, hängt von den Besonderheiten des Falles ab. Bei der Entscheidung ist jedenfalls der Gesichtspunkt in den Vordergrund zu stellen, auf welche Weise der erstrebte Zweck, der Schutz der Allgemeinheit, nach menschlicher Voraussicht am sichersten und vollkommensten erreicht wird. Auf die Frage, welche Maßnahme im Einzelfalle das geringere Übel darstellt, wird es in der Regel nicht ankommen. (III, 7. Januar 1935.) Amtl. Sammlg. S. 31—32.
Vgl. JW. 1934 S. 2059.

13. **Bannbruch. Zollhinterziehung. Einziehung. Nebenbeteiligter.** (RAbgO. §§ 396, 414, 415, 421, 443, 448, 459; VZG. § 134; StPO. §§ 431, 432; RPrVO. vom 18. März 1933.) Zwei Pferde wurden aus Polen nach Deutschland eingeschmuggelt. Da die Einfuhr von Pferden aus seuchenpolizeilichen Gründen verboten war, erfüllte das Verhalten den Tatbestand des Bannbruchs; es wurde aber auf Grund der Verordnung des Reichs-

präsidenten vom 18. März 1933 nur als Zollhinterziehung beurteilt. Zugleich wurde die Einziehung des einen Pferdes und Wertersatz für das andere angeordnet. Auf Wertersatz war erkannt worden, weil das Pferd an einen gutgläubigen Erwerber veräußert worden war. Das Reichsgericht entschied auf die Revision der Angeklagten, daß auch in diesem Falle auf Einziehung hätte erkannt werden sollen. Nach dem Vereinszollgesetz konnte allerdings auf Einziehung nicht erkannt werden, wenn nach Beendigung des Bannbruchs ein unbeteiligter, gutgläubiger Dritter den eingeführten Gegenstand zu Eigentum erworben hatte; die Reichsabgabenordnung kennt aber diese Ausnahme, wenn Bannbruch mit Hinterziehung zusammentrifft, nur noch für den Fall, daß der Erwerb sich nach Rechtskraft des Strafurteils vollzogen hat. Da die Verurteilung zum Wertersatz (insbesondere wegen der Möglichkeit der Umwandlung in Freiheitsstrafe) die Angeklagten beschwerte, wurde das Urteil insoweit aufgehoben. Auch das Pferd, dessen Einziehung angeordnet worden war, war während des Verfahrens an einen gutgläubigen Erwerber verkauft worden; dieser legte als Nebenbeteiligter Revision ein. Das Reichsgericht erklärte das für zulässig. Nach § 443 RAbgO. ist ein Einziehungsbeteiligter zum Verfahren zuzuziehen, wenn er sich meldet oder wenn anzunehmen ist, daß es einer Vollstreckungshandlung gegen ihn bedarf; einer solchen bedarf es regelmäßig, wenn er im Besitz der einzuziehenden Sache ist. Gleichgültig ist, ob ein gerichtliches Steuerstrafverfahren dadurch eröffnet worden ist, daß der Nebenbeteiligte auf gerichtliche Entscheidung angetragen hat, oder ob die Staatsanwaltschaft oder das Finanzamt öffentliche Klage erhoben hat. Dem Einziehungsbeteiligten stehen die gleichen Befugnisse zu wie im selbständigen Einziehungsverfahren. Er ist zur Hauptverhandlung zu laden, und hat in dieser alle Befugnisse, die einem Angeklagten zustehen; gegen das Urteil, das eine ihn beschwerende Einziehung ausspricht, kann er das zulässige Rechtsmittel einlegen. Im gegebenen Falle war die Revision deshalb als begründet zu erachten, weil der Nebenbeteiligte zur Hauptverhandlung nicht geladen worden war. Wenn auch sein Eigentum an dem Pferd der Einziehung nicht entgegenstand, ließ sich doch die Möglichkeit nicht verneinen, daß er im Verfahren Tatsachen vorgebracht oder Beweismittel bezeichnet hätte, die der gegen die Angeklagten erhobenen Beschuldigung die Grundlage entzogen und damit auch die Einziehung vereitelt haben würden; der Ausspruch der Einziehung konnte also auf dem Verfahrensverstoß beruhen. Das Hauptzollamt hatte Revision eingelegt, weil auf Einziehung des einen Pferdes, nicht auf Wertersatz erkannt und weil der Eigentümer des Pferdes nicht zur Hauptverhandlung geladen worden war. Die Anordnung der Einziehung unterlag keinem Bedenken; dagegen war die verfahrensrechtliche Rüge als begründet anzusehen. Die Zulässigkeit eines solchen Revisionsangriffs war nach der Stellung, die den Finanzbehörden im gerichtlichen Steuerverfahren zukommt, nicht zu bezweifeln; die Befugnis der Finanzbehörde zur Einlegung von Rechtsmitteln ist von einer Beschwer unabhängig. (IV, 8. Januar 1935.)

Amtl. Sammlg. S. 32—41.

Vgl. Bd. 5 S. 371; Bd. 11 S. 414; Bd. 30 S. 413; Bd. 34 S. 388; Bd. 57 S. 255; Bd. 60 S. 189; Bd. 62 S. 49; Bd. 66 S. 405; Bd. 67 S. 204.

14. **Meineid. Strafermäßigung.** (StGB. §§ 154, 157.) Ein Zeuge stellte bei seiner eidlichen Vernehmung wahrheitswidrig einen Vorfall in Abrede, dessen Angabe geeignet gewesen wäre, ihm unter Umständen eine Strafverfolgung wegen Ehebruchs zuzuziehen. Das Schwurgericht lehnte eine Ermäßigung der Strafe ab, weil er in Wirklichkeit den Ehebruch nicht begangen hatte. Das Reichsgericht verwies die Sache zurück. Nach der Auffassung des Schwurgerichts hätte ein Zeuge, der sich durch eine wahrheitsgemäße Aussage in den unverschuldeten Verdacht einer strafbaren Handlung bringen müßte und aus Ängstlichkeit unrichtig aussagt, die Strafdrohung des § 154 StGB. in voller Strenge zu fühlen, während ein Zeuge, der die strafbare Handlung wirklich begangen hat und aus bösem Gewissen seine falsche eidliche Aussage macht, der Strafmilderung des § 157 teilhaftig würde. Das wäre unbillig. Wollte man die Ansicht des Schwurgerichts folgerichtig durchführen, so müßte innerhalb des schwurgerichtlichen Verfahrens immer auch untersucht und abschließend festgestellt werden, ob die frühere Straftat wirklich verübt wurde. Es muß genügen, daß sich im

Zeitpunkt der eidlichen Vernehmung aus dem Bekennen der Wahrheit ein Verdacht ergibt, der für eine Strafverfolgung als hinreichende Grundlage dienen kann. (I, 29. Januar 1935.) Amtl. Sammlg. S. 41—44.

Vgl. Bd. 58 S. 295; Bd. 67 S. 44; JW. 1924 S. 1730.

15. **Prozeßbetrug. Zeugenaussage. Ursachenzusammenhang.** (StGB. §§ 73, 154, 263.) In einem Rechtsstreit wegen Unterhalts für ein uneheliches Kind beschwor dessen Mutter wahrheitswidrig, mit einem als Zeugen benannten Manne nicht geschlechtlich verkehrt zu haben. Ihre Aussage führte zur Verurteilung des Beklagten. Sie wurde wegen Meineids in Tateinheit mit Betrug verurteilt. Ihre Revision hatte hinsichtlich der Verurteilung wegen Meineids Erfolg, weil der von ihr angebotene Beweis, daß sie nicht über ihr Zeugnisverweigerungsrecht belehrt worden sei, abgelehnt worden war. Die Einwendungen gegen die Annahme eines mit dem Meineid in Tateinheit stehenden Betrugs wurden zurückgewiesen. In früheren Entscheidungen ist die Annahme eines Prozeßbetrugs verneint worden, wenn der Richter in einem bürgerlichen Rechtsstreit, entgegen den gesetzlichen Vorschriften, auf einseitige, nicht durch täuschende Beweismittel unterstützte unwahre Behauptungen einer Partei eine den Gegner schädigende Entscheidung trifft. Diese Entscheidungen beruhen auf der Erwägung, daß in solchen Fällen nicht die falsche Vorspiegelung, sondern das pflichtwidrige Verhalten des Richters ursächlich für die Vermögensschädigung ist, daß der Ursachenzusammenhang zwischen der täuschenden Handlung der Partei und der Vermögensschädigung durch das pflichtwidrige Verhalten des Richters unterbrochen wird. Als haftungsbegründende Ursache eines strafrechtlich bedeutsamen Erfolgs ist aber jede Bedingung anzusehen, die nicht hinweggedacht werden kann, ohne daß der Erfolg entfiele. Die Annahme des Ursachenzusammenhangs wird nicht dadurch ausgeschlossen, daß auch andere Bedingungen zur Herbeiführung des Erfolgs beigetragen haben; das gilt auch, wenn eine weitere Bedingung als überwiegende Bedingung, als Hauptursache erscheint, ferner wenn sie sich als Zwischenursache zwischen die zu beurteilende Handlung und den Erfolg einschiebt und wenn diese Zwischenursache in einer schuldlosen oder schuldhaften (fahrlässigen

oder vorsätzlichen) Handlung eines anderen zurechnungsfähigen Menschen besteht. Voraussetzung für die Annahme des Ursachenzusammenhangs ist nur, daß die ursprüngliche, auf einen bestimmten Erfolg gerichtete Handlung auch wirklich bis zum Eintritt des Erfolges fortgewirkt hat, also wirklich Mitursache geworden ist, daß nicht etwa das auf denselben Erfolg gerichtete spätere Ereignis diese Fortwirkung beseitigt und unabhängig von der zu beurteilenden Handlung unter Eröffnung einer neuen Ursachenreihe den Erfolg herbeigeführt hat. Ein solcher Fall läge vor, wenn zwar ein Zeuge durch eine falsche Aussage in dem Richter eine falsche Vorstellung erweckte, der Richter aber zu der vom Zeugen beabsichtigten, das Vermögen eines anderen mindernden Entscheidung nicht auf Grund dieser falschen Vorstellung, sondern auf Grund anderer, hiervon völlig unabhängiger Erwägungen gelangte; es könnte dann höchstens versuchter Betrug in Frage kommen. In der vorliegenden Sache konnte an dem ursächlichen Zusammenhang zwischen der falschen Zeugenaussage der Angeklagten und der vermögensschädigenden Entscheidung des Richters kein Zweifel bestehen. Daß durch eine unwahre Zeugenaussage ein Prozeßbetrug verübt werden kann, ist nie bezweifelt worden. Unerheblich war, ob der Richter bei der Verwertung der Aussage der Angeklagten richtig oder fehlerhaft, schuldlos oder schuldhaft gehandelt hatte; an dem tatsächlichen Ursachenverlauf wurde dadurch nichts geändert. (I, 21. Dezember 1934.) Amtl. Sammlg. S. 44—49. Vgl. Bd. 1 S. 227, 373; Bd. 2 S. 91; Bd. 5 S. 321; Bd. 6 S. 249; Bd. 16 S. 193; Bd. 20 S. 391; Bd. 29 S. 219, 291; Bd. 32 S. 1; Bd. 34 S. 91; Bd. 36 S. 114; Bd. 40 S. 9; Bd. 42 S. 410; Bd. 50 S. 95; Bd. 56 S. 343; Bd. 58 S. 130, 195, 366; Bd. 61 S. 318; Bd. 62 S. 405; Bd. 63 S. 382, 387, 391; Bd. 64 S. 316, 370.

16. **Verbrechen. Besonders schwerer Fall. Notwendige Verteidigung.** (StGB. §§ 1, 236; StPO. § 140.) In der Anklageschrift war dem Angeklagten fortgesetzter Betrug zum Nachteil des Deutschen Reiches zur Last gelegt; es war weiter ausgeführt, daß er durch sein Verhalten das Wohl des deutschen Volkes geschädigt und besonders arglistig gehandelt habe. Er bat, ihm von Amts wegen einen Verteidiger zu bestellen. Der Antrag wurde

abgelehnt. In der Hauptverhandlung hatte der Angeklagte keinen Verteidiger. Seine hierauf gestützte Revision wurde verworfen. Die Verteidigung wäre notwendig gewesen, wenn die Tat, die den Gegenstand der Untersuchung bildete, ein Verbrechen gewesen wäre. Das war nicht der Fall, wenn sie auch in besonders schweren Fällen mit Zuchthaus bedroht war. Für die Einordnung des Straftatbestandes in die Einteilung des § 1 StGB. muß eine solche Drohung ebenso außer Betracht bleiben, wie die Zulassung von Gefängnisstrafe für besonders milde Fälle eines Verbrechens. Anders ist die Frage der Einreihung zu beurteilen, wenn der Gesetzgeber einen besonderen, von dem gewöhnlichen abweichenden (erhöhten oder gemilderten) Strafrahmen für den Fall zur Verfügung stellt, daß bei einer Straftat, die an sich die Merkmale eines bestimmten Tatbestandes erfüllt, weitere besondere Tatbestandsmerkmale nachweisbar sind. Bei solchen aus dem allgemeinen Tatbestand herausgehobenen Sondertatbeständen ist die Frage der Einreihung auf Grund der für den besonderen Fall gegebenen Strafdrohung zu beantworten. (III, 10. Januar 1935.)

Amtl. Sammlg. S. 49—53.

Vgl. Bd. 3 S. 52, 59, 23, 214; Bd. 60 S. 11; Bd. 68 S. 385, 391.

17. Hochverrat. Exterritorialität. Gesandtschaft. Verzicht auf den Strafanspruch. Vorläufige Einstellung. Gesetzeseinheit. (StGB. §§ 83, 102, 211; StPO. §§ 154, 154a; GVG. §§ 18ff.; DAuslG. § 50.) In den Räumen der afghanischen Gesandtschaft in Berlin verübte ein afghanischer Student Mord an dem afghanischen Gesandten. Es wurde hierwegen Voruntersuchung gegen ihn eröffnet. Die afghanische Regierung stellte Auslieferungsantrag; die Auslieferung wurde bewilligt, aber nicht ausgeführt, da die afghanische Regierung darauf verzichtete. Während der Verhandlungen hierüber ruhte die Voruntersuchung; nachher wurde sie weitergeführt. Gegen das Urteil des Schwurgerichts wurde Revision mit der Begründung eingelegt, daß in der Bewilligung der Auslieferung ein Verzicht auf den inländischen Strafanspruch zu finden sei. Dieser Auffassung trat das Reichsgericht entgegen. § 154a StPO. hat nur die Bedeutung, daß die tatsächlich durchgeführte Auslieferung die Staatsanwaltschaft von dem Verfolgungszwange befreit und zu einer vorläufigen Einstellung des Verfahrens durch das Gericht führen kann. Da es aber hier nicht zur Durchführung der bewilligten Auslieferung gekommen war, bildete das Auslieferungsverfahren kein Hindernis mehr für die Fortsetzung des inländischen Strafverfahrens in vollem Umfang. Eines besonderen Gerichtsbeschlusses hiefür hätte es nur bedurft, wenn das Gericht das Verfahren vorläufig eingestellt gehabt hätte. Die Räume der Gesandtschaft waren nicht als Ausland anzusehen. Daß gewisse Amtshandlungen in ihnen nicht vorgenommen werden dürfen, ist nur die Folge der völkerrechtlich anerkannten Unverletzlichkeit des Gesandten und der ihm gleichgestellten Personen und beschränkt sich auf diesen Zweck. Der Angeklagte hatte erklärt, daß er durch seine Tat gleichgesinnte Landsleute in Afghanistan zum Kampfe gegen die dortige Regierung habe aufstacheln wollen, damit diese Regierung beseitigt würde. Diese politischen Beweggründe machten aber die Tat noch nicht zum Hochverrat, da ein unmittelbarer Angriff gegen den afghanischen Staat oder dessen Landesherrn nicht vorlag; höchstens konnte sie als eine ein hochverräterisches Unternehmen vorbereitende Handlung angesehen werden. Gesetzeseinheit war nicht gegeben; die Tötung eines Menschen ist nicht das gegebene und dem gewöhnlichen Hergang entsprechende Mittel, um ein Unternehmen des Hochverrats vorzubereiten. Durch die Bestimmung des § 102 StGB. wird den nicht zum Deutschen Reich gehörigen, mit ihm befreundeten Staaten und ihren Landesherren ein besonderer Strafschutz gegen hochverräterische Angriffe gewährt; der unmittelbare Schutz gilt also ausländischen Rechtsgütern. Damit wird die Strafgewalt des Staates gegenüber der Verletzung schutzwürdiger inländischer Rechtsgüter in keiner Weise eingeschränkt. Hienach konnte im gegebenen Falle (Verbürgung der Gegenseitigkeit und Strafantrag der ausländischen Regierung vorausgesetzt), nur das Verhältnis von Tateinheit zwischen §§ 102, 211 StGB. in Frage kommen. Dadurch, daß nur § 211 StGB. angewandt worden war, war der Angeklagte nicht beschwert. (II, 8. November 1934.)

Amtl. Sammlg. S. 54—58.

Vgl. Bd. 16 S. 165; Bd. 41 S. 138; Bd. 58 S. 2.

18. Untreue. Treubruch. Unterschlagung. (StGB. §§ 264, 266.) Ein Amtswalter der deutschen Arbeitsfront hob von seinen Mitarbeitern Beiträge gegen Aushändigung von Marken ein und behielt sie für sich. Er wurde wegen schwerer Unterschlagung verurteilt. Auf die Revision der Staatsanwaltschaft wurde die Sache zurückverwiesen. Im § 266 StGB. sind zwei selbständige Untreuetatbestände nebeneinander gestellt; einerseits Mißbrauch einer auf Gesetz, behördlichem Auftrag oder Rechtsgeschäft beruhenden Befugnis, über fremdes Vermögen zu verfügen oder einen anderen zu verpflichten, anderseits die Verletzung einer auf Gesetz, behördlichem Auftrag, Rechtsgeschäft oder einem Treuverhältnis beruhenden Pflicht, fremde Vermögensinteressen wahrzunehmen; in beiden Fällen muß dazu kommen, daß dem, dessen Vermögensinteressen der Täter zu betreuen hat, Nachteil zugefügt wird. Der erste Tatbestand traf nicht zu, da der Angeklagte keine Befugnis hatte, über die Beitragsforderungen der Arbeitsfront oder über die von ihm eingehobenen Beiträge zu verfügen. Dagegen war der zweite Tatbestand gegeben. Ob von einem behördlichen Auftrag gesprochen werden konnte, blieb dahingestellt; wenn das nicht zutraf, lagen die Voraussetzungen eines Auftrags, also eines Rechtsgeschäftes vor, die für den Angeklagten die Pflicht zur Wahrnehmung fremder Vermögensinteressen begründeten. Die Abgrenzung dieses sehr weit gefaßten Begriffs bietet allerdings erhebliche Schwierigkeiten. Anders als beim Mißbrauchtatbestand ist hier das Innenverhältnis zwischen dem Täter und dem Inhaber des Vermögens für maßgebend erklärt. Seinem Wortlaut nach reicht der Begriff weiter; man kann darunter alle Aufgabenkreise und Tätigkeiten verstehen, die eine Einwirkung irgendwelcher Art (durch Handlung, Duldung, Unterlassung) auf das Vermögen oder Vermögensteile eines anderen zum Gegenstand haben, hiezu nötig oder dienlich sind. Danach würden auch der Überbringer einer Quittung, der Kellner, der Bäckerjunge, die für ihren Geschäftsherrn Geld einnehmen und es rechtzeitig abzuliefern versäumen, wegen Untreue zu bestrafen sein. Das ist aber nicht der Wille des Gesetzes. Schon die Höhe des Strafrahmens läßt erkennen, daß nicht jeder kleinste, vom Standpunkt der Volksgesamtheit vielleicht bedeutungslose

Fehltritt den schweren Folgen der neuen Strafbestimmung unterstellt werden sollte. Unter den Schutz dieser Vorschrift fallen nur Treuverhältnisse, die den Täter und den Vermögensinhaber verbinden und jenen zur Betreuung von Vermögensinteressen verpflichten. Ob ein solches Treuverhältnis besteht, müssen die besonderen Umstände des einzelnen Falles ergeben. Unter Vermögensinteressen sind Pflichten oder Pflichtenkreise zu verstehen, die sich ihrer Dauer nach über eine gewisse Zeit oder ihrem Umfange nach über bloße Einzelfälle hinaus erstrecken, so daß der Verpflichtete für ihre Erfüllung einen gewissen Spielraum, eine gewisse Bewegungsfreiheit oder Selbständigkeit hat. Rein mechanische Tätigkeiten, wie jene eines Boten, oder die Erledigung von untergeordneten Einzelaufträgen gehören nicht hieher. Einen Anhaltspunkt kann auch geben, ob die das Vermögen des anderen berührende Obliegenheit des Täters den wesentlichen Inhalt oder nur eine Nebenpflicht des zwischen beiden bestehenden Innenverhältnisses bildet. Eine eindeutige, alle Fälle treffende Grenze zu ziehen, ist bei der Unbestimmtheit des Gesetzausdruckes unmöglich. Man muß annehmen, daß der Gesetzgeber darauf verzichten wollte, die Rechtsprechung an starre Begriffe zu binden, ihr vielmehr eine Art Rahmenvorschrift zur Ausfüllung einräumen wollte. Die strafbare Untreue greift hienach weit in das Gebiet der Unterschlagung, besonders von anvertrautem Gut, auch der Amtsunterschlagung, hinein. Daß im vorliegenden Falle der Tätigkeit des Angeklagten als Amtswalter der Arbeitsfront ein Treuverhältnis zugrunde lag, ergab sich schon aus der Eigenart der deutschen Arbeitsfront, die auf Schaffung der Betriebseinheit und des Arbeitsfriedens gerichtet ist und von dem Grundsatz von Betriebführertum und Gefolgschaft beherrscht wird. Wie sich aus der Höhe der einbehaltenen Beträge ergab, handelte es sich um eine nach Dauer und Umfang ausgedehnte Tätigkeit, die zum Ziele hatte, die für die Arbeitsfront zur Durchführung ihrer Aufgaben unentbehrlichen Geldmittel innerhalb des dem Angeklagten unterstellten Betriebes zu beschaffen; sie gewährte dem Angeklagten die tatsächliche Möglichkeit, auf die zum Vermögen der Arbeitsfront gehörigen Ansprüche oder die zu ihrer Befriedigung gezahlten Gelder einzuwirken. Da das Geld mit der Einhebung Eigentum der deutschen Arbeitsfront wurde und der Angeklagte nicht schon bei der Einhebung jedes einzelnen Betrages die Absicht hatte, das Geld für sich zu verwenden, vielmehr diesen Entschluß erst faßte, als er das Geld schon in seinem Besitz hatte, war in seinem Verhalten der Tatbestand der Untreue in Tateinheit mit Unterschlagung zu finden. (I, 14. Dezember 1934.)

Amtl. Sammlg. S. 58—64.

Vgl. Bd. 42 S. 211; Bd. 68 S. 218; DRZ. 1934 Nr. 562.

19. **Kommanditgesellschaft. Kaufmann. Depotverbrechen. Untreue. Fortgesetze Handlung. Konkurs. Rechtsmittel.** (StGB. § 266; StPO. § 357; DepG. § 11; BörsG. § 95; HGB. § 1.) Die Kommanditgesellschaft L. L. & Co. betrieb ein Bankgeschäft; L. L. war persönlich haftender Gesellschafter, seine Söhne A. L. und K. L. waren Kommanditisten und zugleich als Prokuristen bestellt. K. L. leitete auch ein Tochterunternehmen der Gesellschaft. L. L. und K. L. waren zugleich Lotterieeinnehmer der preußisch-süddeutschen Klassenlotterie. Im Jahre 1930 wurde A. L. an Stelle seines Vaters zum Lotterieeinnehmer bestellt; L. L. blieb aber im Lotteriegeschäft als Bevollmächtigter mit tätig. Im Jahre 1933 wurde über das Vermögen der Gesellschaft der Konkurs eröffnet. L. L., A. L. und K. L. wurden wegen gemeinschaftlicher fortgesetzter Depotunterschlagung und gemeinschaftlicher fortgesetzter Börsenuntreue verurteilt, weil sie fremde Wertpapiere, die der Gesellschaft übergeben worden waren, für Rechnung der Gesellschaft veräußert und verpfändet und in anderen Fällen beim Ankauf, Verkauf oder Umtausch von Wertpapieren, die die Gesellschaft in eigenem Namen für fremde Rechnung auszuführen hatte, absichtlich zum Nachteil der Auftraggeber gehandelt hatten, indem sie die Wertpapiere zum Nutzen der Gesellschaft veräußerten oder verpfändeten. L. L. hatte ferner Gewinnlose, die er mit Mitteln der Lotterie eingelöst, aber noch nicht an diese abgegeben hatte, einem Bankhaus als Sicherheit verpfändet; er war deshalb wegen Untreue in Tateinheit mit Unterschlagung verurteilt worden. Auf die Revision des L. L. und K. L. wurde das Urteil aufgehoben, und zwar auch zugunsten des A. L., der keine Revision eingelegt hatte. L. L. war der Tatbestand eines Verbrechens gegen § 11 DepG. bedenkenfrei nachgewiesen. Als persönlich haftender Gesell-

schafter der Kommanditgesellschaft war er Kaufmann im Sinne des Handelsgesetzbuchs; er war auch ein Schuldner, der seine Zahlungen eingestellt hatte und über dessen Vermögen das Konkursverfahren eröffnet worden war. Dem stand nicht entgegen, daß möglicherweise auch ein Sonderkonkurs über das Vermögen zu eröffnen war, das ihm, abgesehen von seiner Beteiligung an der Gesellschaft, zustand; er war dann eben in beiden Konkursen Gemeinschuldner. Das Landgericht hatte festgestellt, daß die Gesellschaft schon seit 1928 überschuldet war. Die rechtswidrige Zueignung der fremden Wertpapiere hatte das Landgericht darin gefunden, daß die drei Angeklagten in bewußtem und gewolltem Zusammenwirken die Papiere, wissend, daß es sich um fremde handelte und daß sie zu ihrer Handlung keinerlei Befugnis hatten, teils zur Sicherung eigener Verbindlichkeiten verpfändet, teils für eigene Rechnung verkauft hatten; darin lag auch hinsichtlich der Verpfändung kein Rechtsirrtum. Unrichtig war nur, daß eine fortgesetzte Handlung angenommen worden war. Die einzelnen Teilhandlungen des Depotverbrechens bildeten schon deshalb eine rechtliche Einheit, weil sie durch das Band derselben Zahlungseinstellung und Konkurseröffnung miteinander verbunden waren. Daß die einzelnen Fälle außerdem noch aus einem gemeinsamen Vorsatz hervorgegangen waren, hatte keine rechtliche Bedeutung. Dagegen war bei K. L. der Tatbestand des Verbrechens gegen § 11 DepG. nicht einwandfrei nachgewiesen. Vor allem fehlte der Nachweis der Kaufmanneigenschaft. Diese kam ihm noch nicht schon deshalb zu, weil er Prokurist und Leiter einer Zweigstelle des Unternehmens war. Auch seine Eigenschaft als Kommanditist machte ihn noch nicht zum Kaufmann. Kaufmann ist, wer ein Handelsgewerbe betreibt. Das Gewerbe betreibt der, in dessen Namen es geführt wird, der durch die in dem Betriebe des Gewerbes abgeschlossenen Rechtsgeschäfte berechtigt wird und für die Verbindlichkeiten aus diesen Geschäften ohne weiteres haftet. Daß das Gewerbe auch für seine Rechnung geführt wird, bildet wohl die Regel, ist aber kein Begriffsmerkmal für die Kaufmannseigenschaft. Der Kommanditist wird zwar durch die Geschäfte, welche die Kommanditgesellschaft abschließt, berechtigt und verpflichtet; er wird darum in einem Rechtsstreit der Gesellschaft als Partei angesehen und kann nicht als Zeuge vernommen werden. Er haftet aber nur mit seiner Einlage; über deren Betrag hinaus kann er für die Schulden der Gesellschaft nicht etwa in Anspruch genommen werden. Er setzt nur einen genau begrenzten Vermögensteil, nicht aber seine ganze wirtschaftliche Persönlichkeit aufs Spiel. Zum Begriff des Kaufmanns gehört aber, daß die Haftung für die Geschäftsschulden seine ganze wirtschaftliche Persönlichkeit, sein ganzes verpfändbares Vermögen erfaßt. Darum darf auch der Name des Kommanditisten nicht in der Firma der Gesellschaft erscheinen; er hat kein Recht zur Geschäftsführung und keine Vertretungsmacht; im Konkurs der Gesellschaft ist er nicht Gemeinschuldner. Demgemäß kann man auch nicht sagen, daß er seine Zahlungen eingestellt hat, wenn die Gesellschaft es tut. Ob K. L. im Rahmen eines anderen Gewerbes, nämlich der von ihm betriebenen Lotterieeinnahme, Kaufmann war und dort seine Zahlungen einstellte, war belanglos, da die Verfehlungen gegen das Depotgesetz sich nicht in jenem Geschäftsbetrieb ereignet hatten. Das Landgericht hatte darauf Wert gelegt, daß K. L. im Verhältnis nach innen als Teilhaber der Kommanditgesellschaft behandelt worden sei. Dafür lag kein ausreichender Nachweis vor. Es war wohl denkbar, daß die Angeklagten im Innenverhältnis eine Gesellschaft nach Art der offenen Handelsgesellschaft mit entsprechender Haftung und Geschäftsführungsbefugnis nach innen hätten bilden, nach außen aber das Geschäft in der Form einer Kommanditgesellschaft hätten betreiben wollen; das wäre auch rechtlich zulässig gewesen. Maßgebend war aber nicht, ob K. L. die Geschäftsschulden als seine eigenen Schulden ansah und deshalb bereit war, auf Forderungen, die er selbst gegen die Gesellschaft hatte, zu verzichten; von Bedeutung war vielmehr nur, ob diese Ansicht in dem geschäftlichen Handeln der Gesellschaft auch Dritten gegenüber ihren Niederschlag gefunden hatte. Das hätte etwa angenommen werden können, wenn K. L. mit Billigung der Mitgesellschafter im geschäftlichen Schriftverkehr wie ein persönlich haftender, und zur Vertretung berechtigter Gesellschafter unterschrieben, insbesondere, wenn er Wechsel oder andere, die Gesellschaft verpflichtende Urkunden so gezeichnet hätte. Nur wenn in dieser oder anderer

Weise die Umwandlung der Kommanditgesellschaft tatsächlich vollzogen worden wäre, hätte K. L. als Mitinhaber der Firma und demgemäß als Kaufmann, weiter aber auch nach der Zahlungseinstellung der Gesellschaft als ein Schuldner angesehen werden können, der seine Zahlungen eingestellt hat. Solange ein solcher Nachweis fehlte, konnte K. L. nicht wegen Verbrechens gegen das Depotgesetz, auch nicht wegen Beihilfe zu einem solchen Verbrechen, sondern höchstens wegen Beihilfe zur Unterschlagung verurteilt werden, da das Verbrechen gegen § 11 DepG. nur einen wegen der besonderen persönlichen Eigenschaften des Täters mit erhöhter Strafe bedrohten Sonderfall der Unterschlagung darstellt. Nach § 357 StPO. war die Aufhebung des Urteils auch auf den Angeklagten A. L. zu erstrecken, auf den sich das Urteil insoweit mitbezog. — Die Verurteilung des K. L. wegen Komissionsuntreue war gleichfalls nicht hinlänglich begründet. Nur der Kommissionär selbst kann ein Verbrechen gegen § 95 BörsG. als Täter begehen. Dabei ist zwar der persönlich haftende Gesellschafter einer Kommanditgesellschaft als Kommissionär anzusehen, nicht aber der Kommanditist. K. L. hätte also wegen Kommissionsuntreue nur dann bestraft werden können, wenn er nach außen als allgemein aus den Geschäften der Gesellschaft persönlich haftbar aufgetreten wäre; bei der gegebenen Sachlage kam nur eine Bestrafung wegen Beihilfe zur Kommissionsuntreue des L. L. in Frage. Auch hier erstreckte sich die Aufhebung des Urteils gegen K. L. auch auf A. L. — Die Verurteilung von L. L. wegen Untreue in Tateinheit mit Unterschlagung war damit begründet worden, daß er über Lose, die er mit Geld der Generallotteriedirektion eingelöst hatte und die darum deren Eigentum geworden waren, unberechtigterweise verfügte. Es kam aber darauf an, ob der Angeklagte bei der Verpfändung der Lose glaubte, daß sie auch nach Auskehrung des darauf entfallenen Gewinnes an die Berechtigten noch den Anspruch auf die Gewinnzahlung verkörperten, so daß also ein gutgläubiger Erwerber noch den Gewinnanspruch gegen die Generaldirektion geltend machen konnte. In diesem Falle lag allerdings Untreue in Tateinheit mit Unterschlagung vor. Wenn er aber glaubte, daß der gutgläubige Dritte, dem er die Lose verpfändet hatte, daraus gegen die Lotterie keinen Anspruch mehr erheben konnte, lag die Annahme eines Betrugs nahe; die Annahme der Unterschlagung entfiel, weil die Aneignung wertloser Papiere zum Zweck der Täuschung nicht als Zueignung anzusehen war. (III, 5. Januar 1935). Amtl. Sammlg. S. 65—76. Vgl. Bd. 24 S. 261; Bd. 25 S. 121; Bd. 26 S. 187; Bd. 29 S. 103, 347; Bd. 34 S. 237, 374; Bd. 46 S. 10, 77, 305; Bd. 47 S. 38; Bd. 48 S. 117; Bd. 49 S. 72, 321; Bd. 62 S. 15; Bd. 63 S. 251; Bd. 65 S. 411; Bd. 66 S. 155; RGZ. Bd. 32 S. 398; Bd. 55 S. 121; Bd. 141 S. 277; JW. 1895 S. 454; 1902 S. 213; 1903 S. 147; 1909 S. 695; 1926 S. 1574.

20. **Schlechterstellung. (Reformatio in pejus.) Entmannung. Sicherungsverwahrung.** (StPO. § 358; Gew.-VerbrG. Art. 5.) Ein Urteil, durch das der Angeklagte im März 1934 wegen mehrerer Verbrechen gegen die Sittlichkeit, die er vor dem 1. Januar 1934 begangen hatte, zu einer Zuchthausstrafe und zur Entmannung verurteilt worden war, wurde vom Reichsgericht aufgehoben. In der neuen Verhandlung erkannte das Landgericht auf dieselbe Zuchthausstrafe und auf Sicherungsverwahrung. Das Reichsgericht hob die Anordnung der Sicherungsverwahrung auf. § 358 StPO. läßt es zu, daß die Unterbringung in einer Heil- oder Pflegeanstalt, einer Trinkerheilanstalt oder einer Entziehungsanstalt in dem zweiten Urteil auch dann angeordnet wird, wenn das erste Urteil sie nicht angeordnet hatte. Für die übrigen Maßnahmen der Besserung und Sicherung gilt das nicht. Eine Einschränkung ist aber durch Art. 5 GewVerbrG. herbeigeführt worden. Diese Vorschrift durchbricht gegenüber Urteilen, die vor dem 1. Januar 1934 ergangen sind, den Grundsatz der Rechtskraft und demgemäß auch den Grundsatz des Verbotes der Schlechterstellung, das ja nur eine beschränkte Rechtskraft schafft. Gegenüber Urteilen, die nach dem 1. Januar 1934 erlassen werden, die also die Frage der Sicherungsverwahrung prüfen können, ist das Verbot der Schlechterstellung uneingeschränkt anzuwenden. Demgemäß wäre die Anordnung der Sicherungsverwahrung in dem zweiten Urteil des Landgerichts unzulässig gewesen, wenn das erste Urteil überhaupt keine Sicherungsmaßnahme angeordnet gehabt hätte. Da durch dieses Urteil die Entmannung angeordnet worden war,

fragte es sich, ob der Angeklagte durch die Änderung beschwert war. Die Entmannung bedeutet einen schwerwiegenden Eingriff in den körperlichen und seelischen Zustand, der über das gewollte Ziel hinaus (die Vernichtung oder doch Schwächung des entarteten Triebes) nachteilige Folgen für die Gesundheit haben kann. Die Sicherungsverwahrung entbehrt eines solchen Eingriffs, ist aber mit der Entziehung der Freiheit verbunden. Die Entmannung kann nicht wieder gutgemacht werden; die Sicherungsverwahrung kann lebenslänglich dauern, kann aber beendet werden, wenn eine Prüfung, die innerhalb bestimmter Frist vorzunehmen ist, ergibt, daß ihr Zweck erreicht ist. Bei dieser Sachlage kann nicht gesagt werden, daß die eine oder andere Maßnahme an sich leichter oder schwerer ist als die andere, weil es ganz auf die Lage des Falles ankommt. Demzufolge konnte die Sachlage nicht anders angesehen werden, als wenn im ersten Urteil nicht auf Entmannung erkannt gewesen wäre. In einer früheren Entscheidung (Bd. 68 S. 230) hat das Reichsgericht allerdings ausgesprochen, daß in dem nachträglichen Verfahren nach Art. 5 GewVerbrG. und Art. 14 AGzGewVerbrG. nach Aufhebung des ersten Urteils, das auf Entmannung erkannt hatte, in dem neuen Urteil statt dessen auf Sicherungsverwahrung erkannt werden könne. Diese Auffassung, die sich auf die besonderen Bestimmungen des nachträglichen Sicherungsverfahrens gründete, konnte aber auf den vorliegenden Fall nicht angewandt werden. (II, 7. Januar 1935.) Amtl. Sammlg. S. 76—79.
Vgl. Bd. 40 S. 411; Bd. 57 S. 350; Bd. 66 S. 202; Bd. 68 S. 230.

21. **Diebswerkzeug. Gewahrsam. Vorsatz.** (StGB. § 245 a). T. gewährte dem B., der eine große Zahl von Nachschlüsseln, Stahlbohrern und ähnlichen Diebswerkzeugen mit sich führte, in seiner Wohnung Unterschlupf und gestattete ihm, die Werkzeuge dort zu verstecken. Beide waren wegen schweren Diebstahls schon rechtskräftig verurteilt. Ihre Verurteilung aus § 245 a StGB. wurde vom Reichsgericht bestätigt. Zum Begriff des Diebswerkzeugs gehört nicht nur, daß der Gegenstand seiner Beschaffenheit nach geeignet ist, die diebische Wegnahme von Sachen zu ermöglichen oder zu erleichtern, sondern auch, daß er nach dem Willen oder der Absicht einer maßgebenden Per-

son dazu bestimmt ist, bei irgendwelchen Diebstählen verwendet zu werden. Die maßgebende Person braucht nicht der Besitzer zu sein. Ist die Absicht der Verwendung bei einer anderen Person als dem Besitzer gegeben, so müßte an sich, da zu dem Vergehen Vorsatz gehört, diese Absicht auch von dem Vorsatz des Besitzers umfaßt werden. Wegen der Beweisschwierigkeit läßt aber der Gesetzgeber die Strafe schon dann eintreten, wenn jemand einen Gegenstand, der seiner Beschaffenheit nach als Diebswerkzeug geeignet ist, in Kenntnis dieser Eignung in Besitz oder Gewahrsam hat, und verzichtet nur dann auf die Bestrafung, wenn sich aus den Umständen ergibt, daß das Werkzeug nicht zur Verwendung bei strafbaren Handlungen bestimmt ist. Ob diese Annahme gegeben ist, hat der Richter ebenso von Amts wegen zu prüfen wie alle sonstigen Voraussetzungen der Verurteilung; das Gesetz bürdet nicht dem Angeklagten eine Beweislast auf. Das Landgericht hatte das Vorliegen solcher Umstände ausdrücklich verneint. T. hatte sich darauf berufen, daß er nicht im Besitz der Sachen gewesen sei. Es genügte aber, daß ihm die tatsächliche Möglichkeit des körperlichen Zugriffs auf die Sachen jederzeit offen stand, daß er also den Gewahrsam im Sinne des Gesetzes hatte. Gewahrsam im Sinne des Gesetzes ist auch der Mitgewahrsam, gleichviel, durch welche tatsächliche und wirtschaftliche Beziehungen er im Einzelfalle begründet worden ist; zum Gewahrsam gehört auch nicht der Wille, die Sache als seine eigene zu besitzen. (IV, 8. Januar 1935.)

Amtl. Sammlg. S. 80—82.

Vgl. Bd. 37 S. 198.

22. Bausparverträge. (VersAufsG. §§ 112, 140; ZweckSpG. vom 17. Mai 1933.) Der Vertreter einer Aktiengesellschaft, die Zwecksparverträge abschloß, aber als Bausparkasse nicht zugelassen war, vermittelte einen Antrag auf Abschluß eines Sparvertrages, als dessen Zweck Entschuldung angegeben war; in Wirklichkeit handelte es sich um die Erlangung eines Baudarlehens. Er wurde wegen Betrugs in Tateinheit mit einem Vergehen gegen § 140 VersAufsG. verurteilt. Seine Revision hatte keinen Erfolg. Nach § 140 Abs. 1 VersAufsG. wird bestraft, wer im Inland eine Bausparkasse ohne die vorgeschriebene Erlaubnis betreibt, nach Abs. 2, wer im Inland einen

Bausparvertrag für eine zum Geschäftsbetrieb nicht befugte Unternehmung als Vertreter oder Bevollmächtigter abschließt oder den Abschluß solcher Verträge geschäftsmäßig vermittelt. Die Bedeutung des Abs. 2 liegt darin, daß er die dort unter Strafe gestellten Betätigungen zu selbständigen Straftatbeständen und damit von der Feststellung eines Vergehens nach Abs. 1 unabhängig macht. Der Vertreter oder Bevollmächtigte kann also nach Abs. 2 strafbar sein, wenn dem Unternehmer selbst keine strafbare Handlung nach Abs. 1 zur Last fällt. Als Bausparvertrag ist ein Vertrag anzusehen, durch den sich ein einzelner Sparer gegenüber einem Zweckunternehmen zu den satzungmäßigen Leistungen gegen das Versprechen verpflichtet, dadurch selbst gemäß der Satzung die Anwartschaft auf Gewährung eines Darlehens aus dem Vermögen zu erhalten, das die bei dem Unternehmen zusammengeschlossenen Sparer aufgebracht haben, wenn er das Darlehen zur Beschaffung oder Verbesserung von Wohnungen oder Siedlungen oder zur Ablösung hierzu eingegangener Verpflichtungen verwenden will. Es gehört nicht zum Begriff des Bausparvertrags, daß die Zwecksparkasse als Bausparkasse betrieben wird; vielmehr genügt es, daß der Sparer einen der Zwecke verfolgt, die den Sparvertrag als Bausparvertrag kennzeichnen. Die auf die Verurteilung wegen Betrugs bezüglichen Teile des Urteils sind nicht veröffentlicht. (III, 10. Januar 1935.) Amtl. Sammlg. S. 83—86.

Vgl. Bd. 61 S. 47.

23. Abtreibung. Verschaffung von Werkzeugen. (StGB. § 218.) Eine Frau, die sich schwanger fühlte, kam mit ihrem Manne überein, eine Abtreibung zu versuchen. Der Mann erwarb sich zu diesem Zweck eine Spritze; dem Verkäufer war bekannt, zu welchem Zweck sie erworben wurde. Mit der Aushändigung der Spritze an den Mann war sie auch der Frau zugänglich gemacht, also ihr verschafft. Hierfür genügt, daß eine Mittelsperson das Werkzeug mit dem Willen der Schwangeren für sie zur Abtreibung vom Täter erwirbt, um es ihr auszuhändigen oder darüber nach ihren Weisungen zu verfügen, und wenn der gewerbsmäßig handelnde Verkäufer hiebei weiß oder doch mit der Möglichkeit rechnet, daß das Werkzeug ihrem Willen entsprechend in ihre Verfügungsgewalt gelangt. Daß die Schwangere selbst die Anregung zu dem Erwerb gegeben haben müßte, läßt sich weder aus dem Wortlaut, noch aus dem Zweck des Gesetzes herleiten. Immer gehört dazu, daß die Frau wirklich schwanger und das Werkzeug zur Abtreibung geeignet war, nicht aber, daß mit ihm eine Abtreibung ausgeführt oder versucht wurde. Hat die Mittelsperson ohne das Einverständnis der Schwangeren gehandelt, so braucht der Täter, um der versuchten Verschaffung schuldig zu sein, nicht angenommen zu haben, daß die Schwangere zur Abtreibung entschlossen sei; es genügt, wenn er der Mittelsperson das Werkzeug zur Abtreibung in der Erwartung übergeben hat, sie werde es der Schwangeren aushändigen und die Abtreibung werde alsdann vorgenommen werden. (I, 15. Januar 1935.) Amtl. Sammlg. S. 86—88.

Vgl. Bd. 68 S. 13.

24. Urkunden. Verlesung. Vorhalt. (StPO. §§ 249, 261, 264). In der Hauptverhandlung war den Angeklagten und Auskunftspersonen der Inhalt von Urkunden vorgehalten worden; zur Verlesung waren die Urkunden nicht gekommen. Die hierauf gestützte Revision hatte keinen Erfolg. Wenn Urkunden als solche benutzt werden sollen, um über ihren Inhalt Beweis zu erheben, müssen sie allerdings in der Hauptverhandlung verlesen werden; damit ist aber nicht gesagt, daß der Inhalt eines Schriftstücks bei der Urteilsfällung stets nur dann berücksichtigt werden dürfte, wenn es auch zum Zweck des Urkundenbeweises verlesen worden ist. Der Inhalt einer Urkunde, die nicht selbst als Beweismittel in Frage kommt, kann vielmehr auch auf andere Weise, so durch Vorhalt oder Befragung der Angeklagten oder von Zeugen oder Sachverständigen zur Kenntnis des Gerichts gebracht und demgemäß auch der Urteilsfällung zugrunde gelegt werden. Über die Form, in der ein solcher Vorhalt geschehen kann, enthält die Strafprozeßordnung keine Vorschriften. Die Verlesung wird regelmäßig wünschenswert sein, wenn es auf den Wortlaut der Urkunde ankommt; nur darf eine solche Verlesung nicht dazu benutzt werden, den Unterschied zwischen einem reinen Urkundenbeweis und einem Beweis durch Vernehmung von Angeklagten, Zeugen oder Sachverständigen zu verwischen; denn der Vorhalt hat nur den Zweck, Erklärungen der Auskunftspersonen herbeizuführen. Werden solche Erklärungen abgegeben, so sind sie und nicht etwa die vorgehaltene Urkunde das Beweismittel. Ein bloßer Vorhalt kann deshalb nicht genügen, wenn weder die Angeklagten noch eine der in der Hauptverhandlung als Zeuge oder Sachverständiger vernommenen Personen den Inhalt der Urkunde aus eigener früherer Wahrnehmung bestätigen können. So ist in einem Verfahren wegen Meineids die Nichtverlesung des Protokolls über die falsche Aussage beanstandet worden, weil der Wortlaut der Aussage, ihr Umfang und Zusammenhang und die Art und Weise der Vernehmung von Bedeutung war. Ein Zwang, die Niederschrift über die Zeugenaussage in jedem solchen Falle zu verlesen, besteht aber nicht. Ein bloßer Vorhalt einer Urkunde bedarf, weil er ja kein Urkundenbeweis ist, keiner Beurkundung in der Verhandlungsniederschrift. (II, 24. Januar 1935.) Amtl. Sammlg. S. 88—91. Vgl. Bd. 54 S. 13; Bd. 59 S. 100; Bd. 61 S. 9, 72; Bd. 64 S. 78; Bd. 65 S. 420; JW. 1928 S. 818, 1939; 1929 S. 1048; 1930 S. 936; 1931 S. 953; DRZ. 1933 S. 177.

25. Besitz von Diebswerkzeug. Einbruchdiebstahl. Gesetzeseinheit. Tateinheit. (StGB. §§ 73, 74, 243, 245 a.) Bei einem auf der Tat betretenen und festgenommenen Einbruchdieb wurden verschiedene Diebswerkzeuge vorgefunden. Er hatte diese Gegenstände mehrere Tage vor dem Diebstahl erworben; daß er damals schon den Vorsatz hatte, den nachher ausgeführten Diebstahl zu begehen, war nicht nachgewiesen. Seine Verurteilung wegen Einbruchdiebstahls in Tatmehrheit mit Besitz von Diebswerkzeugen wurde bestätigt. Der Ausdruck Diebswerkzeug ist nicht gleichbedeutend mit Einbruchwerkzeug, sondern umfaßt jedes Werkzeug, das geeignet ist, als Hilfsmittel bei der Wegnahme fremden Eigentums benutzt zu werden. Auch Handschuhe, die zur Vermeidung von Fingerabdrücken angelegt werden, sind Diebswerkzeug. Zum inneren Tatbestand des § 245 a StGB. gehört nicht die Absicht, das Diebswerkzeug zur Begehung von strafbaren Handlungen zu verwenden. Das Vergehen des § 245 a StGB. ist eine Gefährdungstat, die sich gegen die allgemeine öffentliche Sicherheit richtet, das Verbrechen des § 243 Nr. 1 StGB. ist eine Verletzungstat, deren Strafdrohung dem Schutz des Eigentums dient. Zwischen den beiden Strafgesetzen besteht keine Gesetzeseinheit; sie stellen weder denselben rechtlichen Tatbestand auf, wobei das eine von ihnen ein oder mehrere Begriffsmerkmale des anderen bloß in engerer Begrenzung und besonderer Gestalt enthält, noch wird die Gefährdung durch die Verletzungstat aufgezehrt, da das geschützte Rechtsgut bei beiden nicht das gleiche ist. Im gegebenen Falle war die Dauerstraftat des verbotenen Besitzes von Diebswerkzeug ohne jeden Zusammenhang mit dem Einbruchdiebstahl begonnen worden und begrifflich vollendet, wenn auch noch nicht tatsächlich beendet, ehe der Diebstahlsvorsatz gefaßt wurde. Demgemäß war auch die Tateinheit ausgeschlossen. (V, 24. Januar 1935.) Amtl. Sammlg. S. 91—92. Vgl. Bd. 32 S. 137; Bd. 57 S. 177; Bd. 59 S. 107, 359; Bd. 68 S. 324; Bd. 69 S. 80.

26. Vermögenssteuer. Steueramnestie. Tätige Reue. Unterwerfung. Rechtskraft. Fortgesetzte Straftat. (R.-AbgO. §§ 392, 396, 410, 445, 468; 2. StAmnVO. § 15.) In der Vermögenssteuererklärung von 1931 hatte der Angeklagte wohl sein Vermögen in Grund- und Hausbesitz angegeben, sein Kapitalvermögen aber verschwiegen. Am 8. Oktober 1931 berichtigte er die falsche Erklärung von 1931 durch Anmeldung eines Kapitalvermögens von 7000 RM. Das Finanzamt stellte fest, daß er am 1. Januar 1931 ein Kapitalvermögen von 16000 RM besaß; mit Unterwerfungsverhandlung vom 16. Dezember 1933 wurde er wegen fahrlässiger Vermögenssteuerhinterziehung mit 200 RM bestraft. Nachher ergab sich, daß er bis zum Juli 1933 noch ein Sparguthaben von etwa 6000 RM besessen hatte. Er wurde wegen fortgesetzter vorsätzlicher Steuerhinterziehung in Tateinheit mit einem Vergehen gegen § 15 der 2. Steueramnestieverordnung zu einer Gefängnisstrafe verurteilt. Das Reichsgericht verwies die Sache zurück. In § 15 der 2. Steueramnestieverordnung vom 19. September 1931 ist mit Gefängnisstrafe (in besonders schweren Fällen mit Zuchthausstrafe) und Geldstrafe bedroht 1. wer vorsätzlich in der Vermögenserklärung 1931 steuerpflichtige Gegenstände im Werte von mehr als insgesamt 3000 RM einer bestehenden Rechtspflicht zuwider nicht angibt, 2. wer vorsätzlich eine bereits abgegebene Vermögenserklärung 1931 bis zum Ablauf der

Erklärungsfrist nicht entsprechend berichtigt, 3. wer vorsätzlich als Steuerpflichtiger in dem sich auf die Vermögenssteuererklärung 1931 beziehenden Steuerermittlungsverfahren auf besonderes Befragen dem Finanzbeamten unrichtige Auskünfte gibt. Von diesen Tatbeständen kamen die beiden ersten nicht in Frage, da der Angeklagte die falsche Vermögenssteuererklärung für 1931 schon am 9. Juli 1931 abgegeben hatte, die Strafbestimmung aber erst am 22. September 1931 in Kraft trat, sich also nur auf solche Vermögenssteuererklärungen bezog, die zu dieser Zeit noch nicht abgegeben waren und für deren Abgabe die Frist bis zum 26. Oktober 1931 verlängert worden war. Wohl aber hatte sich der Angeklagte gegen den dritten Tatbestand dadurch verfehlt, daß er in der Zeit vom 22. September bis zum 26. Oktober die bereits abgegebene Vermögenssteuererklärung nicht berichtigte. Daran wurde auch durch die Erklärung vom 8. Oktober nichts geändert, weil der Angeklagte sein Vermögen nicht richtig angab. Die Anwendung des § 410 RAbgO. (tätige Reue) ist für den Bereich des § 15 der 2. StAmnVO. ausgeschlossen; durch diese Vorschrift ist ein steuerrechtlicher Sondertatbestand neu eingeführt worden, und die Zulassung der Möglichkeit, sich noch auf dem Wege der tätigen Reue dieser Strafe zu entziehen, würde dieser Strafandrohung ihre gewollte Schärfe nehmen. Das Vergehen gegen § 15 der 2. StAmnVO. traf mit der Vermögenssteuerhinterziehung in Tateinheit zusammen. Der Einwand der rechtskräftig entschiedenen Sache war nicht begründet. Die Unterwerfung steht allerdings einer rechtskräftigen Verurteilung gleich; beim Vergehen gegen § 15 der 2. Amn.-VO. handelt es sich aber nicht um eine Steuerhinterziehung oder Steuergefährdung, sondern um eine selbständige Steuerzuwiderhandlung. Wenn das Finanzamt am 16. Dezember 1933 den Sachverhalt in seinem ganzen Umfange gekannt hätte, wäre es zur Vornahme der Unterwerfungsverhandlung nicht befugt gewesen; die unzulässige Unterwerfungshandlung konnte also den Einwand der rechtskräftig entschiedenen Sache nicht begründen. Unrichtig war, daß das Landgericht fortgesetzte Vermögenssteuerhinterziehung annahm, der Verurteilung aber nur das Verschweigen des Sparguthabens zugrunde legte. Bei einer fortgesetzten Straftat ist der Richter gezwungen, alle Einzelhandlungen in den Fortsetzungszusammenhang einzubeziehen, die der Gesamtvorsatz umfaßt. Da der Einwand der rechtskräftig entschiedenen Sache nicht durchgriff, mußte auch die Hinterziehung berücksichtigt werden, die Gegenstand der Unterwerfungsverhandlung gewesen war; die Verurteilung wegen fortgesetzter Vermögenssteuerhinterziehung erstreckte sich also auch auf sie. Übersehen war auch, daß nach § 15 der 2. StAmnVO. die Verhängung einer Geldstrafe neben der Gefängnisstrafe zwingend vorgeschrieben ist. Da der Angeklagte durch die Unterwerfungsverhandlung schon zu einer Geldstrafe verurteilt worden war, diese Straftat aber Bestandteil der durch das Urteil geahndeten fortgesetzten Steuerzuwiderhandlung war, hätte diese Strafe auf die auszusprechende Geldstrafe angerechnet werden sollen. Für die neue Verhandlung wurde darauf hingewiesen, daß durch § 25 StAnpG. vom 16. Oktober 1934 dem § 15 StAmnVO. ein Abs. 4 beigefügt wurde, wonach beim Vorliegen mildernder Umstände der Täter so bestraft werden kann, als habe er eine Steuerhinterziehung begangen. (V, 28. Januar 1935.)

Amtl. Sammlg. S. 93—97.

Vgl. Bd. 54 S. 283; Bd. 67 S. 53; Bd. 68 S. 187; JW. 1933 S. 1281; 1935 S. 292.

27. **Sachverständiger. Uneidliche Vernehmung.** (StPO. § 79; EidEinschrG. vom 24. November 1933.) Ein als Sachverständiger unbeeidigt vernommener Arzt hatte in seinem Gutachten auch auf Angaben Bezug genommen, die ihm der Angeklagte gelegentlich einer früheren, mit dem Strafverfahren nicht zusammenhängenden Untersuchung gemacht hatte. Die Auffassung, daß er hierüber als Zeuge eidlich hätte vernommen werden müssen, wurde vom Reichsgericht nicht geteilt. Der Sachverständige hat sein Gutachten kraft einer besonderen, über die Wahrheitspflicht des nur als Beweismittel verwandten Zeugen hinausgehenden Berufspflicht nach bestem Wissen und Gewissen als ein zur Ermittlung der Wahrheit berufener Helfer des Gerichts zu erstatten. Diese Pflicht umfaßt die ganze tatsächliche Grundlage des Gutachtens; der Sachverständige könnte ihr nicht vollständig nachkommen, wenn er etwa Umstände tatsächlicher Art, die er selbst wahrgenommen hat und die für das Gut-

achten von Belang sind, unbeachtet ließe. Es ist gleichgültig, zu welcher Zeit und aus welchem Anlaß er seine Wahrnehmungen gemacht hat; ausschlaggebend ist allein das innere Verhältnis, in dem diese Umstände nach ihrer Natur und nach der Auffassung des Sachverständigen zu dem Gesamtinhalt des zu erstattenden Gutachtens stehen. Es würde dem Sinn und Zweck des Gesetzes zur Einschränkung der Eide vom 24. November 1933 zuwiderlaufen, wollte man den Sachverständigen hinsichtlich der Bekundung bestimmter, zu diesem Gutachten gehöriger und von ihm verwerteter Tatsachen wiederum unter die strengeren Bestimmungen über das grundsätzliche Gebot der Vereidigung der Zeugen stellen. (IV, 29. Januar 1935.) Amtl. Sammlg. S. 97—99.

Vgl. Bd. 44 S. 11.

28. **Apotheker. Betäubungsmittel. Abgabe.** (OpG. §§ 3, 10.) Ein Apotheker verkaufte seine Apotheke und nahm eine Stellung in einer anderen Apotheke an. Schon vor dem Verkauf hatte er Betäubungsmittel, die ihm geliefert worden waren, in die Wohnung seiner Mutter im Apothekengebäude gebracht; auch Betäubungsmittel, die er aus dem Betriebe der Apotheke ausgesondert hatte, behandelte er in gleicher Weise; später schaffte er sie in ein anderes Haus. Auf seinen Wunsch brachten seine Angehörigen sie ihm an seinen neuen Wohnort. Er wurde wegen Verfehlung gegen § 10 OpG. verurteilt. Seine Revision hatte keinen Erfolg. Von dem Erlaubniszwang des § 3 OpG. sind nur die Apotheken befreit, nicht die Apotheker. Es verstieß also gegen das Gesetz, wenn der Angeklagte die ihm zugesandten Betäubungsmittel nicht dem Betriebe der Apotheke zuführte. Die Wegnahme von Betäubungsmitteln aus den Beständen der Apotheke war als unzulässige Abgabe zu behandeln. Unter Abgabe ist jede rein körperliche Überlassung zu verstehen; wird ein Betäubungsmittel dem Betriebe der Apotheke entzogen, ohne daß es durch Verbrauch überhaupt aus dem Verkehr verschwindet, und wird diese Entziehung durch räumliche Trennung erkennbar gemacht, so ist das eine Abgabe; das Betäubungsmittel ist aus der vom Gesetz gewährleisteten starken Sicherung gegen Gefahr, die durch die Zugehörigkeit zum Apothekenberufe bedingt ist, ausgeschieden und in den Bereich weit größerer Gefahr über-

führt worden. Ohne Bedeutung ist es, ob der Stoff dabei in die Verfügungsgewalt eines anderen übergegangen oder in der Gewalt dessen verblieben ist, der sie schon während der Zugehörigkeit zum Apothekenbetriebe ausübte. Nicht für Apotheker als eine in bestimmter Richtung ausgebildete Gruppe von Menschen, sondern für die Apotheken als Betriebe, die besonderen Vorschriften unterliegen, sind die Sondervorschriften des Opiumgesetzes gegeben. (III, 4. Februar 1935.)

Amtl. Sammlg. S. 99—101.

Vgl. Bd. 67 S. 193.

29. **Prozeßbetrug. Zwangsversteigerung. Ursächlicher Zusammenhang. Teilnahme.** (StGB. § 263; ZwVG. § 10.) Der Leiter einer städtischen Sparkasse hatte auch die für die Kasse durchzuführenden Zwangsversteigerungen zu bearbeiten. In mehreren Fällen setzte er in die Anmeldungen zu den Verteilungsplänen als Kosten der Rechtsverfolgung Beträge ein, die nicht entstanden waren; die zugeteilten Beträge behielt er für sich. Das Landgericht verneinte das Vorliegen von Betrug mit der Begründung, daß eine Täuschung des Vollstreckungsrichters nicht erweisbar sei. Das Reichsgericht verwies die Sache zurück. Der Bürgermeister der Stadt hatte die Anmeldungen in gutem Glauben mitunterschrieben; er war nur als Werkzeug des Angeklagten anzusehen, so daß dieser für die unwahren Angaben allein verantwortlich war. Das Landgericht hatte das Vorliegen einer Täuschung des Vollstreckungsrichters deshalb abgelehnt, weil dieser erklärt hatte, er sei nicht verpflichtet gewesen, die Berechtigung der angemeldeten Forderungen nachzuprüfen. Zweifellos hatte er aber angenommen, daß der Inhalt der Anmeldungen wahr sei; dann war er aber durch die unrichtigen Angaben getäuscht und veranlaßt worden, die Kosten in den Verteilungsplan einzusetzen. Unter dem fortwirkenden Einfluß dieses Irrtums hatte der Richter dann weiter über die Werte, die der Ersteigerer zur Begleichung seines Bargebotes dem Gericht überlassen hatte, in der Weise verfügt, daß er den auf die Kosten entfallenden Teil der Sparkasse zuteilte und die Auszahlung an sie anordnete. Schon mit der Zuteilung trat eine Schädigung der Vollstreckungsgläubiger ein, denen ohne die Täuschung Beträge zugeteilt worden

wären. Danach hing die Frage, ob Betrug anzunehmen war, nur davon ab, ob etwa der ursächliche Zusammenhang zwischen Täuschung des Richters und der Vermögensverfügung nach den Grundsätzen zu verneinen war, die das Reichsgericht für den Prozeßbetrug aufgestellt hat. Es ist dabei von der Auffassung ausgegangen, zwischen der unrichtigen, einseitigen und nicht durch irgendwelche Beweismittel unterstützten Parteibehauptung und dem auf sie gegründeten, als Vermögensverfügung in Betracht kommenden Richterspruch fehle der ursächliche Zusammenhang. Das wurde mit dem den Zivilprozeß beherrschenden Grundsatz des Parteibetriebes begründet, wonach die Tatbestandsfeststellung in gewissem Umfang nicht von der Überzeugung des Richters, sondern von der Verfügung der Parteien abhängt; insoweit sei also auch ein Irrtum des Richters über die wirkliche Sachlage für das Urteil ohne Bedeutung. Bei den Entscheidungen des Vollstreckungsrichters liegt aber die Sache anders. Dieser hat von Amts wegen zu entscheiden, ob ein angemeldeter Anspruch in den Verteilungsplan aufzunehmen ist. Daß im gegebenen Falle der Vollstreckungsrichter die vom Angeklagten angemeldeten Kosten ohne Prüfung in den Verteilungsplan aufnahm, stand der Annahme eines Betrugs nicht entgegen; ob der Richter zu einer Prüfung der Richtigkeit der Anmeldung verpflichtet gewesen wäre, konnte dahingestellt bleiben. Der ursächliche Zusammenhang zwischen der Täuschung des Richters und der dadurch bewirkten Vermögensschädigung der Vollstreckungsgläubiger, war unbedenklich gegeben. (V, 4. Februar 1935.) Amtl. Sammlg. S. 101—105.

Vgl. Bd. 63 S. 391; Bd. 69 S. 44.

30. **Bandenschmuggel. Falschbeurkundung.** (StGB. §§ 348, 349; VZG. § 146; RAbgO. § 396.) Bei der Einbringung einer erheblichen Menge von Waren bewog der Eigentümer die beiden diensttuenden Zollbeamten, in den Zollquittungen ein falsches Gewicht anzugeben; demgemäß wurde ein geringerer Zoll bezahlt, als dem wirklichen Gewicht der Ware entsprach. Es wurde Verurteilung wegen Bandenschmuggel, in der Richtung gegen die beiden Zollbeamten auch wegen Falschbeurkundung im Amt ausgesprochen. Ihre Revision hatte nur teilweise Erfolg. Der Tatbestand der Falschbeurkundung

war gegeben. Die Zollquittungen, die hier in Frage kamen, waren Urkunden, die von einer öffentlichen Behörde, dem Zollamt, innerhalb der Grenzen ihrer Amtsbefugnis in der vorgeschriebenen Form aufgenommen waren; in ihnen war bekundet, daß ein bestimmter Warenführer an einem bestimmten Tage eine Warensendung bestimmten Inhalts über das Zollamt eingeführt hatte, daß die Sendung geprüft worden war und daß auf Grund des Befundes der Zoll ordnungsmäßig, also insbesondere nach dem wirklichen Gewicht der Ware, berechnet und bezahlt worden war. Die Urschrift der Quittung wurde dem Warenführer ausgehändigt und diente ihm zum Nachweis, daß die Ware ordnungsmäßig verzollt worden war. Mit Recht waren die Quittungen als öffentliche Urkunden angesehen worden. Dagegen ließ sich die Verurteilung wegen Bandenschmuggel nicht halten. Die erhöhte Strafe des Bandenschmuggels beruht auf der Erwägung, daß das örtlich und zeitlich verbundene Auftreten einer Mehrzahl von Schmugglern, die bewußt zusammenwirken, den Zollbeamten die Bekämpfung des Schmuggels erschwert, die amtlichen Auseinandersetzungen mit ihnen verschärft und so die Gefährlichkeit des verbrecherischen Treibens erhöht. Alles das trifft nicht zu, wenn ein Händler die Ware, die er einführen will, beim Zollamt zur Zollabfertigung vorlegt und die auf dem Amte tätigen Abfertigungsbeamten durch Bestechung zu Dienstverletzungen veranlaßt, die eine Verkürzung des Zolles zur Folge haben. Von einer besonderen Gefährlichkeit der Tat für die diensttuenden Zollbeamten kann hier keine Rede sein. (V, 11. Februar 1935.) Amtl. Sammlg. S. 105—107.

Vgl. Bd. 9 S. 42; Bd. 18 S. 174; Bd. 23 S. 330; Bd. 47 S. 377; Bd. 66 S. 236.

31. **Zuhälterei. Zeuge. Verletzter.** (StGB. § 181a; StPO. § 61.) In der Hauptverhandlung gegen einen Zuhälter wurde die von ihm ausgebeutete Dirne als Verletzte unbeeidigt vernommen. Das Reichsgericht erklärte das für unrichtig. Als verletzt kann nur erachtet werden, in wessen Rechte die Handlung unmittelbar eingreift, nicht aber schon, wer nur durch die schädlichen Folgen der Handlung betroffen wird. Ein unmittelbarer Eingriff in fremde Rechte liegt vor, wenn die Handlung gegen ein Rechtsgut eines anderen gerichtet ist; die Strafvor-

schrift muß also unmittelbar dem Schutze dieses Rechtsguts dienen. § 181 a StGB. hat vorzugsweise einen polizeilichen Zweck; er dient nicht etwa dem Schutze der Dirne, sondern der Bekämpfung der Gemeingefährlichkeit des zuhälterischen Treibens. Darnach kann keine Rede davon sein, daß im Strafverfahren gegen den Zuhälter die Dirne deshalb zu den Verletzten gehört, weil sie der Gegenstand der Ausbeutung des Angeklagten gewesen ist. Allerdings ist nach den Erfahrungen des Lebens die Dirne in der Regel keine einwandfreie Zeugin, sei es, daß sie aus Haß gegen den Ausbeuter übertreibt, sei es, daß sie noch mit ihm verkettet ist und darum mit der Wahrheit zurückhält. hier kann aber der Richter nach § 61 Nr. 5 StPO. eine der Wahrheit zuwiderlaufende und darum wertlose Zeugenaussage von der Beeidigung ausnehmen. (IV, 19. Februar 1935.)

Amtl. Sammlg. S. 107—110.
Vgl. Bd. 63 S. 88.

32. **Rechtsmittel. Beschränkung. Straferhöhende und strafmindernde Umstände. Verminderte Zurechnungsfähigkeit.** (StGB. § 51; StPO. §§ 316, 318, 327, 343, 352.) Der wegen Verbrechen im Amte zu Zuchthaus verurteilte Angeklagte beschwerte sich in seiner Revision darüber, daß zu Unrecht die Frage verminderter Zurechnungsfähigkeit verneint worden sei; er erklärte, sich dem Schuldspruch zu unterwerfen und nur eine Milderung der Strafe anzustreben. Es fragte sich, ob diese Beschränkung des Rechtsmittels zulässig war. Das Reichsgericht gelangte zur Bejahung der Frage. Grundsätzlich überläßt es die Strafprozeßordnung dem verurteilten Angeklagten, ob er ein Rechtsmittel einlegen und in welchem Umfang er das tun will. Dem Rechtsmittelrichter ist verboten, das Urteil weiter nachzuprüfen, als die Anfechtungsanträge des Angeklagten reichen. Die Beschränkung des Rechtsmittels auf die Straffrage hat zur Folge, daß nicht nur der Schuldspruch selbst, sondern auch die Feststellungen, auf die er gestützt ist, der Nachprüfung entzogen sind. Hat der Angeklagte, der einer gefährlichen Körperverletzung für schuldig erkannt worden ist, seine Berufung auf das Strafmaß beschränkt und begehrt er lediglich die ihm bisher versagte Zubilligung mildernder Umstände, so kann das Berufungsgericht auch dann nicht auf Freisprechung

erkennen, wenn es zu der Überzeugung kommt, daß der Angeklagte in Notwehr gehandelt hat. Nicht anders verhält es sich mit der Frage der Zurechnungsfähigkeit. Auch sie ist ein Bestandteil der Schuld des Täters; die Schuldfrage kann nur bejaht werden, wenn der Tatrichter auftauchende Zweifel in dieser Hinsicht für unbegründet erachtet. Demgemäß hat die Beschränkung des Rechtsmittels auf die Straffrage zur Folge, daß die Zurechnungsfähigkeit des Angeklagten für den Rechtsmittelrichter rechtskräftig feststeht und nicht mehr zum Gegenstand seiner Entscheidung gemacht werden kann. Es steht also nichts im Wege, ein Rechtsmittel auf die Frage der Anwendung des § 51 Abs. 2 StGB. zu beschränken. Auch diese Vorschrift gliedert sich in die allgemein hinsichtlich straferhöhender oder strafmindernder Umstände bestimmte Regel ein, die dahin bestimmt werden kann: Liegen die besonderen Umstände in Merkmalen der Tat selbst begründet, so ist eine Beschränkung des Rechtsmittels unzulässig (z. B. bei Gewerbsmäßigkeit, bandenmäßiger Begehung, Verübung mit Waffen); liegen sie dagegen in Umständen, die äußerlich zur Tat hinzutreten oder in besonderen Eigenschaften und Verhältnissen des Täters begründet sind, so ist die Beschränkung zulässig und wirksam. Allerdings ist bei der Auslegung einer mit dem Verlangen milderer Bestrafung begründeten Berufungsrechtfertigung große Vorsicht im Hinblick auf die Möglichkeit geboten, daß der Angeklagte sich in Wirklichkeit durch die Feststellung eines Tatbestandsmerkmals für beschwert erachtet. (IV, 29. Januar 1935.)

Amtl. Sammlg. S. 110—115.

Vgl. Bd. 42 S. 241; Bd. 52 S. 342; Bd. 65 S. 296; Bd. 67 S. 29; DRZ. 1930 S. 225.

33. **Landfriedensbruch. Zuständigkeit.** (RPrVO. vom 28. Februar 1933 § 5.) Durch die Zuständigkeitsverordnungen der Jahre 1924 und 1932 wurden im allgemeinen nur Verbrechen betroffen, die mit Zuchthaus von höchstens 10 Jahren bedroht sind; die Ausnahmen sind einzeln aufgeführt. Daraus ergibt sich, daß Verbrechen, die beim Erlaß der Verordnung vom 14. Juli 1932 nur mit Zuchthaus innerhalb dieser Grenze bedroht waren, die aber später mit einer höheren Strafe bedroht wurden, aus der Zuständigkeit der Landgerichte ausschieden. Das traf für

schweren Landfriedensbruch mit bewaffneten Teilnehmern zu. Dieser war früher mit Zuchthaus bis zu 10 Jahren bedroht; durch die Verordnung vom 28. Februar 1933 wurde aber Todesstrafe darauf gesetzt. Daraus ergab sich, soweit überhaupt die ordentliche Gerichtsbarkeit Platz griff, die Zuständigkeit des Schwurgerichts. (V, 31. Januar 1935.) Amtl. Sammlg. S. 115—117.

34. Versicherung an Eides Statt. Urkundenfälschung. (StGB. §§ 156, 267.) T. reichte in mehreren Pfändungsprozessen dem Gerichte inhaltlich unrichtige eidesstattliche Versicherungen ein, die er selbst aufgesetzt und mit dem Namen M. unterzeichnet hatte. M. hatte ihn mit der Abgabe der Versicherungen beauftragt; daß der Inhalt unrichtig war, wußte T. nicht. Er wurde wegen wissentlich falscher Abgabe von eidesstattlichen Versicherungen in Tateinheit mit schwerer Urkundenfälschung verurteilt. Das Reichsgericht verwies die Sache zurück. Die Annahme schwerer Urkundenfälschung gab keinen Anlaß zu Bedenken. Dadurch, daß der Angeklagte den eidesstattlichen Versicherungen den Schein verlieh, als seien sie nicht von ihm selbst, sondern von M. ausgestellt, fertigte er sie fälschlich an; er machte von ihnen durch die Einreichung bei Gericht Gebrauch in der Absicht, das Gericht oder die Gläubiger dadurch zu einem rechtlich erheblichen Verhalten zu bestimmen. Daß M. ihn hierzu beauftragt hatte, stand der Verurteilung nicht entgegen. Die Zustimmung des Namensträgers zum Gebrauch seines Namens bei Unterzeichnung einer Urkunde kann zwar unter Umständen geeignet sein, die Unechtheit der Urkunde und damit den Tatbestand ihrer falschen Anfertigung auszuschließen. Der Vertreter darf auch im rechtsgeschäftlichen Verkehr, soweit eine Vertretung überhaupt zulässig ist, regelmäßig mit dem Namen des Vertretenen unterzeichnen. Dies gilt aber nicht für schriftliche Erklärungen, die in gerichtlichen oder sonstigen Verfahren zum Beweis oder zur Glaubhaftmachung von Tatsachen abgegeben werden. Abgesehen hievon ist die Unterzeichnung einer Urkunde für eine andere Person mit deren Namen durch den Vertreter dieser Person oder mit deren Einverständnis auch dann unzulässig, wenn es sich um eine urkundliche Erklärung handelt, für die nach ausdrücklicher gesetzlicher Vorschrift oder nach ihrer Eigenart eigenhändige Unterzeichnung geboten ist; dann ist eine Stellvertretung bei der Unterzeichnung überhaupt ausgeschlossen. Solche Urkunden sind auch die schriftlichen eidesstattlichen Versicherungen, die im Rechtsverkehr durch allgemeine Übung zur Glaubhaftmachung zugelassen sind. Sie können ihrem Wesen nach nur von dem persönlich abgegeben und unterzeichnet werden, der die Richtigkeit der in ihnen enthaltenen tatsächlichen Behauptungen als Gegenstand seiner Wahrnehmung an Eides Statt versichert. Dessen war sich der Angeklagte auch bewußt; er wollte durch die Vorlegung der Urkunde gerade den Anschein erwecken, als ob der Erklärende sie selbst unterzeichnet hätte. Unhaltbar war aber die Annahme, daß der Angeklagte sich auch gegen § 156 StGB. verfehlt habe. Das Landgericht hatte die wissentlich falsche Abgabe von eidesstattlichen Versicherungen darin gefunden, daß der Angeklagte als Aussteller der von ihm selbst aufgesetzten und unterzeichneten Versicherungen M. angegeben und damit vorsätzlich etwas Falsches an Eides Statt versichert habe. Die schriftliche Abgabe einer eidesstattlichen Versicherung unter falschem Namen kann aber außer dem Tatbestand der Urkundenfälschung den des § 156 StGB. in der Regel nur dann erfüllen, wenn ihr Inhalt falsch und das dem Aussteller bewußt ist. Im vorliegenden Falle hatte aber der Angeklagte den Inhalt der eidesstattlichen Versicherungen für wahr gehalten. (II, 7. Februar 1935.)

Amtl. Sammlg. S. 117—120.
Vgl. Bd. 5 S. 151; Bd. 15 S. 4; Bd. 43 S. 349; Bd. 52 S. 74; Bd. 57 S. 235, 236.

35. **Anklageschrift. Unmittelbarkeit.** (StPO. §§ 200, 243.) In einer mehrere Wochen dauernden Verhandlung waren den Schöffen Abschriften der Anklageschrift ausgehändigt worden. Das führte zur Aufhebung des Urteils. Jede Einwirkung auf die Richter durch Unterbreitung der schriftlich dargestellten Ergebnisse des Vorverfahrens verstößt gegen den Grundsatz der Mündlichkeit und Unmittelbarkeit des Verfahrens. Wenn es schon für unzulässig erklärt worden ist, daß der Vorsitzende in einer Hauptverhandlung mündlich darüber berichtet, welchen Sachverhalt er aus den schriftlichen Verhandlungen des Vorverfahrens entnimmt, so kann noch viel weniger zugelassen werden, daß die Richter eine schriftliche Darstellung des

Staatsanwalts, die sich über das Ergebnis der Ermittlungen ausläßt, in der Hauptverhandlung oder in den Zwischenzeiten der Unterbrechung gebrauchen, um das Bild des abzuurteilenden Ereignisses in sich zu gestalten. Das gilt jedenfalls für Schöffen und Geschworene, da diesen ja eine Einsicht in die Akten nicht gestattet ist. (IV, 8. Februar 1935.) Amtl. Sammlg. S. 120—124.
Vgl. Bd. 32 S. 318; Bd. 44 S. 30; Bd. 53 S. 176; Bd. 62 S. 155; JW. 1922 S. 1039; 1927 S. 1595; 1930 S. 2562.

36. **Einstellung wegen Straffreiheit. Revision.** (StrFreihG. § 2.) Ein Verfahren wegen Urkundenfälschung wurde auf Grund des Straffreiheitgesetzes eingestellt. Der Angeklagte legte Revision ein mit der Begründung, daß er freigesprochen hätte werden müssen. Er hatte keinen Erfolg. Die Straffreiheit nach dem Gesetz vom 7. August 1934 erscheint nicht nur als Begnadigung urteilsmäßig erkannter Strafen, sondern auch als Niederschlagung noch anhängiger Strafverfahren und als Untersagung jeder Einleitung eines Strafverfahrens; sie äußert ihre Wirkung sowohl auf dem Gebiete des Verfahrens als auch auf dem des sachlichen Rechtes. Verfahrensrechtlich wirkt sie als Hinderungsgrund für die Fortsetzung der anhängigen, noch nicht rechtskräftig abgeschlossenen Untersuchungen. Auch die Rechtshängigkeit der Sache endet kraft Gesetz, wenn die Voraussetzungen der Niederschlagung gegeben sind, ohne Rücksicht darauf, ob eine Einstellungsverfügung zu den Akten getroffen worden ist oder nicht. Sachlich-rechtlich bringt die Straffreiheit den staatlichen Strafanspruch selbst zum Erlöschen. Die Anwendbarkeit des Gesetzes ist in jeder Lage des Verfahrens von Amts wegen zu prüfen. Der Angeklagte hat kein Recht darauf, daß trotzdem das Verfahren fortgesetzt wird; sein Interesse an der Feststellung seiner (behaupteten) Unschuld muß hinter dem gegenteiligen staatlichen Interesse zurücktreten. Die Revision war also als unzulässig zu verwerfen. (V, 25. Februar 1935.)
Amtl. Sammlg. S. 124—127.
Vgl. Bd. 42 S. 399; Bd. 53 S. 39; Bd. 54 S. 17; Bd. 55 S. 231; Bd. 59 S. 54; Bd. 67 S. 145, 233, 383.

37. **Gesellschaft mit beschränkter Haftung. Verletzter. Zeuge.** (StPO. § 61.) In einer Verhandlung wegen Betrugs wurde die Beeidigung eines Zeugen, der Ge-

schäftsführer einer von dem Angeklagten durch betrügerische Machenschaften geschädigten G. m. b. H. war, mit Hinweis auf § 61 Nr. 2 StPO. abgelehnt. Das war gesetzeswidrig. Als verletzt im Sinne dieser Vorschrift kann nur eine Person gelten, die von dem als strafbar gekennzeichneten Angriff auf ein geschütztes Rechtsgut unmittelbar betroffen wird, also bei Verbrechen oder Vergehen gegen das Vermögen durch die strafbare Handlung einen unmittelbaren Nachteil an ihrem Vermögen erleidet. Der Ausdehnung des Begriffs auf die nur unmittelbar geschädigten Personen stehen grundsätzliche Erwägungen entgegen; sie würde jede zuverlässige Begrenzung unmöglich machen. Verwirklicht sich der schädliche Erfolg am Vermögen einer Gesellschaft, so kommt es für die Beurteilung der Frage, ob die Gesellschafter unmittelbar geschädigt sind, auf die Gesellschaftsform an. Bei der Gesellschaft des bürgerlichen Rechts, die keine selbständige Rechtspersönlichkeit besitzt, steht das Eigentum am Gesellschaftsvermögen der Gesamtheit der Gesellschafter zu; jeder Gesellschafter nimmt unmittelbar an dem Schaden teil, der der Gesellschaft widerfährt. Das gleiche gilt für die offene Handelsgesellschaft; wenn ihr auch in gewissen Grenzen eine rechtliche Selbständigkeit eingeräumt ist, kann sie doch nicht als juristische Person anerkannt werden, vielmehr erscheinen die Gesellschafter als die Eigentümer des Gesellschaftvermögens. Anders verhält es sich bei der Aktiengesellschaft und bei der Gesellschaft mit beschränkter Haftung. Diese sind juristische Personen mit einer von ihren Gesellschaftern verschiedenen Rechtspersönlichkeit; ihr Vermögen gehört ihnen und seine Verringerung bewirkt für die Gesellschafter nur einen mittelbaren Schaden. Der Zeuge hätte also vereidigt werden müssen, selbst wenn er (was nicht feststand) Gesellschafter gewesen wäre. (IV, 26. Februar 1935.) Amtl. Sammlg. S. 127—128. Vgl. Bd. 37 S. 415; Bd. 46 S. 77; RGZ. Bd. 114 S. 93; Bd. 122 S. 162; Bd. 129 S. 53.

38. **Gewohnheitsverbrecher. Entartung. Verminderte Zurechnungsfähigkeit. Sicherungsmaßregeln. Entmannung. Verwahrung.** (StGB. §§ 20a, 42c, 42k, 42n, 51; StPO. §§ 80a, 246a.) Teils durch Veranlagung, teils durch eine im Feld erworbene Lungenerkrankung hatte sich beim Angeklagten eine Neigung zu gleichge-

schlechtlichem Verkehr herausgebildet; nachdem er wiederholt bestraft, aber immer wieder rückfällig geworden war, hatte das Landgericht gegen ihn auf Zuchthausstrafe und Sicherungsverwahrung erkannt. Der Staatsanwalt hatte Entmannung beantragt; der Verteidiger und der Angeklagte hatten diesem Antrag zugestimmt; das Gericht hatte von der Anordnung abgesehen, weil der sachverständige Arzt es als fraglich bezeichnete, ob dadurch der entartete Geschlechtstrieb des Angeklagten zum Erlöschen gebracht oder doch erheblich abgeschwächt werde. Das Reichsgericht verwies die Sache zurück. Nach dem Gutachten des Arztes war der Angeklagte ein willensschwacher Psychopath; er war zwar imstande, die Unerlaubtheit seines Handelns einzusehen; seine Fähigkeit, nach seiner Einsicht zu handeln, war aber infolge seiner krankhaften Willensschwäche erheblich vermindert. Diesem Umstand war beim Ausmaß der Strafe Rechnung getragen worden; er schloß aber die Annahme nicht aus, daß die verbrecherische Betätigung des Angeklagten auf einem in seiner Persönlichkeit wurzelnden Hang zum Verbrechen beruhte, der seinen äußerlichen Ausdruck in mindestens drei erheblichen Straftaten gefunden hatte und die künftige Begehung weiterer Straftaten wahrscheinlich machte, ihn also als gefährlichen Gewohnheitsverbrecher und gefährlichen Sittlichkeitsverbrecher erscheinen ließ. Es kam für diese Beurteilung nicht auf die Entstehungsursache dieses Hanges an, also auch nicht darauf, ob und in welchem Maße der Hang angeboren oder durch unverschuldete Umstände erworben oder gesteigert worden war, sondern nur darauf, ob er bestand und in der erwähnten Weise wirkte. Als Sicherungsmaßregeln kamen also die Unterbringung in einer Heil- und Pflegeanstalt, die Sicherungsverwahrung und die Entmannung in Frage, die auch nebeneinander verhängt werden konnten. Hinsichtlich der Entmannung hatte die Revision mit Recht gerügt, daß der Arzt den Angeklagten nicht besonders untersucht hatte. Eine solche Untersuchung ist nicht nur dann erforderlich, wenn die Entmannung angeordnet werden soll, sondern auch, wenn zu entscheiden ist, ob ihr oder einer anderen Sicherungsmaßregel der Vorzug zu geben ist. Es war auch nicht genügend berücksichtigt worden, daß der Angeklagte selbst seine Entmannung wünschte. Dieser Umstand konnte ihre

Anordnung selbst dann angebracht erscheinen lassen, wenn mit ihr voraussichtlich eine Verschlechterung des Gesundheitszustandes des Angeklagten verbunden ist. Auch wenn nur eine gewisse Wahrscheinlichkeit dafür sprach, daß die Entmannung zu einer wesentlichen Herabsetzung des Geschlechtstriebes führen werde, war seinem Wunsche Bedeutung für die Entscheidung beizumessen. Wenn allerdings das Gericht zu der Überzeugung kam, daß die Entmannung mit Rücksicht auf sein körperliches Leiden nicht zu verantworten war, daß dagegen die Voraussetzungen für eine Anordnung der Sicherungsverwahrung gegeben waren, kam die Unterbringung des Angeklagten in einer Heil- oder Pflegeanstalt nicht mehr in Frage. Bestanden Zweifel dadurch, welche von beiden Maßregeln zweckmäßiger war, so konnten beide nebeneinander angeordnet werden; die Entscheidung darüber, in welcher Anstalt der Verurteilte zunächst und in welcher er endgültig unterzubringen war, blieb dann dem Vollzug überlassen. Falls Entmannung angeordnet wurde, konnte die Anordnung der Sicherungsverwahrung nicht mehr bestehen bleiben, weil dies eine Verschlechterung für den Angeklagten bedeutete. (I, 11. Dezember 1934.) Amtl. Sammlg. S. 129—135.

Vgl. Bd. 68 S. 198, 327.

39. **Unlauterer Wettbewerb. Bestechung. Schmiergeld. Strafantrag.** (UnlWG. §§ 12, 17; StGB. § 64.) Wegen des Gebens und des Empfangens von Schmiergeldern war sowohl gegen den Geber wie gegen den Empfänger Strafantrag gestellt worden; der Strafantrag gegen den Geber wurde später zurückgenommen. Der Empfänger vertrat die Auffassung, daß die Zurücknahme wegen der Unteilbarkeit des Antrags auch zu seinen Gunsten wirke. Das erklärte das Reichsgericht für unhaltbar. Das Geben und das Empfangen von Schmiergeldern sind zwei begrifflich und inhaltlich verschiedene Straftaten; die beiden Strafanträge waren also voneinander unabhängig. (II, 18. Februar 1935.)

Amtl. Sammlg. S. 135—137.

Vgl. Bd. 5 S. 268; Bd. 7 S. 35; Bd. 20 S. 54; Bd. 28 S. 178; Bd. 31 S. 93; Bd. 33 S. 161; Bd. 35 S. 20; Bd. 48 S. 274; Bd. 51 S. 63, 71; Bd. 55 S. 31.

40. **Revisionsbegründung. Unterschrift. Namensstempel. Schriftform.** (StPO. § 345.) Dem Erfordernis

der Schriftform kann auch dadurch genügt werden, daß das Schriftstück mit einem Namensstempel unterzeichnet wird. Anders liegt aber die Sache, wenn das Gesetz ausdrücklich die Unterzeichnung durch einen Rechtsanwalt oder Verteidiger verlangt; hier muß das Schriftstück eigenhändig durch entsprechende Schriftzeichen mit dem vollen Namen des Rechtsanwalts oder Verteidigers unterzeichnet werden. (IV, 22. Februar 1935.)

Amtl. Sammlg. S. 137—139.

Vgl. Bd. 37 S. 81; Bd. 63 S. 246; Bd. 67 S. 385; RGZ. Bd. 119 S. 62; Bd. 126 S. 257; Bd. 139 S. 45; Bd. 140 S. 72; DRZ. 1928 Nr. 937.

41. **Verbrechen wider die Sittlichkeit. Vornehmen. Verleiten. Versuch. Rücktritt.** (StGB. §§ 46, 176.) Der wiederholt schon wegen Sittlichkeitsverbrechen bestrafte Angeklagte lockte ein noch nicht 4 Jahre altes Kind in den Abort einer Wirtschaft und griff ihm dort mit den Worten: „Laß mich hinlangen!" unter den Kleidern an den nackten Schenkel. Da das Kind weinte und weglief, ließ er von seinem Vorhaben ab. Er wurde wegen versuchten Verbrechens wider die Sittlichkeit verurteilt. Seine Revision hatte keinen Erfolg. Eine Verleitung zur Duldung ist auch da möglich, wo es sich um ein Tun handelt, das der Angeklagte selbst vornehmen will; als ein Mittel zur Verleitung kann jedes Vorgehen in Betracht kommen, das der Täter zur Erreichung seines Zieles anwendet, also auch eine wörtliche Aufforderung oder die Erweckung der kindlichen Neugier. Ein Nebeneinander von Verleitung zur Duldung und Vornahme der unzüchtigen Handlung selbst kommt, da die Verleitung eine Beeinflussung des Willens voraussetzt, da in Frage, wo der Täter durch diese Beeinflussung die Geneigtheit bei dem Kinde schafft, eine Handlung zu dulden, die der Beeinflussung erst nachfolgt. Eine Aufforderung, das unzüchtige Handeln zu dulden, kann aber nicht auch dann eine besonders zu beachtende rechtliche Bedeutung haben, wenn die Aufforderung mit dem unzüchtigen Tun selbst unmittelbar zusammenfällt. Ein Sachverhalt dieser Art war hier anzunehmen, da der Angeklagte mit dem Griff unter die Röcke das Kind durch die begleitenden Worte anscheinend nur zu beschwichtigen suchte; die Äußerung kam also neben dem unzüchtigen Tun für die rechtliche

Bedeutung des Vorgangs nicht in Betracht. Ein vollendetes Verleiten lag aber schon darin, daß der Angeklagte das Kind in den Abort lockte, also an den Ort, wo er die Tat zu begehen gedachte. Er hatte das Kind durch die Beeinflussung seines Willens in eine Lage gebracht, die es ihm möglich machte, eine unzüchtige Handlung an ihm vorzunehmen; diese Handlung hatte er auch vorgenommen. Zwar hatte er nicht alles ausgeführt, was er vor hatte; rechtsirrig aber war die Annahme des Landgerichts, daß nur Versuch vorlag. Das Handeln des Angeklagten war in seiner unteilbaren Gesamtheit von seiner geschlechtlichen Lust beherrscht, und es war rechtlich ohne Belang, ob er mit seinem Griff so weit gekommen war, als er vorhatte. Selbst wenn aber die Verleitung des Kindes auf der Versuchsstufe geblieben wäre, hätte doch ein Rücktritt nicht in Frage kommen können. Der Angeklagte hatte alles getan, was zur Beeinflussung des Willens des Kindes erforderlich war; der Versuch war also beendet und ein Rücktritt wäre nur in der Form der tätigen Reue möglich gewesen. (I, 26. Februar 1935.) Amtl. Sammlg. S. 140—143.
Vgl. Bd. 1 S. 308; Bd. 20 S. 30; Bd. 31 S. 252; Bd. 52 S. 185; Bd. 53 S. 188; Bd. 58 S. 277.

42. **Reichsnährstand. Politische Körperschaft. Beleidigung. Ermächtigung.** (StGB. § 197.) Wegen Beleidigung des Reichsnährstandes stellte ein Landesbauernführer Strafantrag. Das Reichsgericht erklärte das für rechtswirksam. Der Reichsnährstand ist durch das Gesetz über den vorläufigen Aufbau des Reichsnährstandes vom 13. September 1933 ermächtigt worden, eine vorläufige Regelung zu treffen; das ist durch die Verordnung vom 8. Dezember 1933 geschehen. Danach ist der Reichsnährstand eine Selbstverwaltungskörperschaft des öffentlichen Rechts, eine politische Körperschaft. Unter politischen Körperschaften sind nicht solche zu verstehen, die mit der Politik im engeren Sinne sich befassen, sondern solche, die an ihrem Teil zur Erreichung des Staatszwecks mitzuwirken haben. Im Gegensatz dazu stehen einerseits die privaten, anderseits die religiösen Körperschaften. Der Reichsnährstand kann also als solcher beleidigt werden und die zur Strafverfolgung notwendige Ermächtigung erteilen. Führer und gesetzlicher Vertreter des Reichs-

nährstandes ist der Reichsbauernführer; dieser kann seine Befugnisse auf nachgeordnete Stellen übertragen. Aus den Akten ergab sich, daß er dem Landesbauernführer die gesetzliche Vertretung des Reichsnährstandes in allen zum Bereich der Landesbauernschaft gehörigen Angelegenheiten übertragen hatte. (III, 7. März 1935.)

Amtl. Sammlg. S. 143—146.

43. **Untreue. Treubruch.** (StGB. § 266). Bei der Entgegennahme von Bestellungen auf Silbergerät hatte der Angeklagte Vorauszahlung verlangt und erhalten, das Geld aber zu eigenem Nutzen verwandt und die bestellten Waren nicht geliefert. Das Reichsgericht fand den Tatbestand der Untreue nicht erfüllt. Die Pflicht, Vertragsbedingungen zu erfüllen, ist nicht gleichbedeutend mit der Pflicht, die Vermögensinteressen eines anderen wahrzunehmen oder zu betreuen. Eine solche besondere Treupflicht läßt sich auch nicht aus der Tatsache begründen, daß der Käufer eine Anzahlung auf bestellte Waren geleistet hat, auch nicht, wenn er das in der sicheren Erwartung getan hat, daß das Geld zum Ankauf der bestellten Ware verwandt werde. Es ist an Pflichten und Pflichtenkreise zu denken, die sich ihrer Natur nach über eine gewisse Zeit und über Einzelfälle hinaus erstrecken, so daß der Verpflichtete für ihre Erfüllung einen gewissen Spielraum, eine gewisse Bewegungsfreiheit und Selbständigkeit hat, mag ein solcher Pflichtenkreis auch an Bedeutung und Umfang hinter dem eines Vormundes oder anderer Vermögensverwalter zurückbleiben und sich mehr einer Geschäftsbesorgung im Sinne des bürgerlichen Rechts nähern. Diese Voraussetzungen waren hier nicht gegeben. (II, 25. Februar 1935.)

Amtl. Sammlg. S. 146—148.
Vgl. Bd. 69 S. 58.

44. **Brandstiftung. Scheune. Stall.** (StGB. § 306.) Eine Scheune, die zur Unterbringung von Jungvieh diente, wurde in Brand gesetzt. Gegen das Urteil des Landgerichts wurde Revision eingelegt mit der Begründung, daß das Schwurgericht zuständig gewesen wäre. Sie hatte keinen Erfolg. Wenn auch zeitweise Menschen in die Scheune kamen, um nach dem Vieh zu sehen, ließ sich doch nicht sagen, daß sie zeitweise zum Aufenthalt von Menschen diente, hiezu bestimmt war. Darum kam es

auch nicht darauf an, ob der Brand zu einer Zeit gelegt wurde, in der sich Menschen in der Scheune aufhielten. (II, 4. März 1935.) Amtl. Sammlg. S. 148—150.

45. Verminderte Zurechnungsfähigkeit. Entmannung. Unterbringung. Verschlechterung. (StGB. §§ 42b, 42f, 42k; StPO. §§ 358, 426, 463a.) Wegen Sittlichkeitsverbrechen wurde gegen den als vermindert zurechnungsfähig betrachteten Angeklagten auf eine Freiheitsstrafe und auf Entmannung erkannt. Das Reichsgericht verwies die Sache zurück. Die Unterbringung eines vermindert zurechnungsfähigen Täters in einer Heil- oder Pflegeanstalt ist durch § 42b StGB. zwingend vorgeschrieben, soweit die öffentliche Sicherheit sie erfordert. Diese Voraussetzung ist erfüllt, wenn von dem Täter weitere nicht unerhebliche Angriffe auf strafrechtlich geschützte Güter zu erwarten sind und diese Gefahr nicht auf andere Weise gebannt werden kann, besonders durch andere Maßregeln der Sicherung und Besserung. Gegenüber gefährlichen Sittlichkeitsverbrechern kommt vor allem die Entmannung in Frage. Diese ist ebenfalls an die Voraussetzung geknüpft, daß die öffentliche Sicherheit sie erfordert. Daraus folgt, daß sie ausscheidet, wenn nach der Überzeugung des Richters die Unterbringung als die den Umständen nach geeignete und genügende Sicherungs- und Besserungsmaßregel anzusehen ist; dann erfordert die öffentliche Sicherheit nicht die Entmannung; genügt aber die Unterbringung nicht zur Beseitigung der Gefahr, die von dem Täter ausgeht, so ist die Entmannung ins Auge zu fassen. Beide Maßregeln können auch nebeneinander angeordnet werden. Das empfiehlt sich besonders, wenn je nach den Umständen mit dem Eintritt der vollen Wirkung der Entmannung erst nach einem bestimmten Zeitpunkt zu rechnen ist; es ist dann Sache des Vollstreckungsgerichts, den Entmannten zur geeigneten Zeit aus der Anstalt zu entlassen. Liegt der Fall jedoch so, daß die Unterbringung zur Beseitigung der Gefahr nicht ausreicht, anderseits aber die Entmannung schon für sich allein vollen Erfolg verspricht, so ist nur die Entmannung, nicht daneben noch die Unterbringung anzuordnen; diese ist dann im Interesse der öffentlichen Sicherheit nicht erforderlich. Die Urteilsgründe müssen aber stets erkennen lassen, daß die Frage der Unterbringung erwogen und deshalb von ihrer Anordnung abgesehen worden ist. Diese Ausführung fehlte in dem angefochtenen Urteil. Falls das Gericht in der neuen Verhandlung zu dem Ergebnis kam, daß die Unterbringung des Angeklagten in einer Heil- oder Pflegeanstalt neben der Entmannung geboten sei, enthielt eine entsprechende Anordnung keine unzulässige Verschlechterung seiner Lage. (III, 14. März 1935.) Amtl. Sammlg. S. 150—153.

Vgl. Bd. 68 S. 165.

46. Verminderte Zurechnungsfähigkeit. Entmannung. Unterbringung. Verschlechterung. (StGB. §§ 42b, 42f, 42k; StPO. §§ 358, 462, 463a.) Ist bei einem Angeklagten die Fähigkeit, das Unerlaubte seiner Handlung einzusehen oder nach dieser Einsicht zu handeln, vermindert, so hat das Gericht die Unterbringung in einer öffentlichen Heil- oder Pflegeanstalt anzuordnen, wenn die öffentliche Sicherheit es erfordert. Ist der Angeklagte über 21 Jahre alt und ein gefährlicher Sittlichkeitsverbrecher, so kommt nach dem Ermessen des Tatrichters auch die Entmannung in Frage, und zwar ebenfalls, wenn die öffentliche Sicherheit es erfordert. Jede dieser Maßnahmen soll die Öffentlichkeit vor den Gefahren schützen, die aus einer bestimmten regelwidrigen Eigenart des Angeklagten entspringen. Reicht keine von ihnen allein aus, die in zweifacher Richtung gehenden Gefahren wirksam zu bekämpfen, so sind beide nebeneinander anzuordnen. Reicht eine der beiden Maßnahmen zum Schutz der öffentlichen Sicherheit gegen beide Gefahren aus, so ist sie allein anzuwenden, da die öffentliche Sicherheit dann die Anordnung der anderen Maßnahme nicht mehr fordert. Im gegebenen Falle hatte das Landgericht ausgeführt, daß die Unterbringung in einer Heil- oder Pflegeanstalt die Öffentlichkeit nicht gegen die Gefahren zu schützen vermöge, die der ungesunde Geschlechtstrieb des Angeklagten mit sich bringe. Wenn auch die Angestellten der Anstalt nicht zu der Öffentlichkeit gehören, die vor dem Angeklagten durch dessen Unterbringung geschützt werden soll. war doch kein Rechtsfehler darin zu finden, wenn das Landgericht ausführte, in der Anstalt werde sich der Trieb des Angeklagten nicht nur nicht vermindern, sondern erheblich steigern, und es bestehe die Gefahr, daß er Mittel und Wege finden werde, aus der Anstalt zu entweichen und dann erst recht eine Gefahr für die Öffentlichkeit zu werden. (III, 25. März 1935.)

Amtl. Sammlg. S. 153—155.
Vgl. Bd. 68 S. 230; Bd. 69 S. 150; JW. 1934 S. 2061; 1935 S. 43.

47. **Hochverrat. Sondergericht. Verweisung.** (StGB. §§ 83, 85; StPO. §§ 209, 270, 355; RG. vom 24. April 1934 Art. III §§ 3, 4.) Die Angeklagten waren wegen Verbreitung von Druckschriften auf Grund des § 85 StGB. durch das Landgericht verurteilt worden. Das Reichsgericht fand, daß ihre Handlung als Vorbereitung zum Hochverrat hätte beurteilt werden sollen. Es fragte sich, ob das die Einstellung des Verfahrens oder die Verweisung an das Volksgericht hätte nach sich ziehen müssen. Das Reichsgericht entschied für die Verweisung. Der Volksgerichtshof ist für Strafsachen des ersten Rechtszugs an die Stelle des Reichsgerichts getreten; so wie nach früherem Recht die Sache an das Reichsgericht hätte verwiesen werden müssen, so wäre nun die Verweisung an den Volksgerichtshof geboten gewesen. Das Reichsgericht holte sie nach. (V, 21. März 1935.)

Amtl. Sammlg. S. 155—157.
Vgl. Bd. 59 S. 36; Bd. 61 S. 326.

48. **Einstellung wegen Straffreiheit.** (StGB. §§ 260, 264, 267; StrafFreihG. vom 7. August 1934.) Das auf Einstellung des Verfahrens lautende Urteil gab den Inhalt des Eröffnungsbeschlusses wieder und führte weiter aus, nach dem Ergebnis der Hauptverhandlung sei eine höhere Freiheitstrafe als 6 Monate Gefängnis und eine höhere Geldstrafe als 1000 *RM* nicht zu erwarten. Der Staatsanwalt legte Revision ein mit der Begründung, das Urteil hätte ausführen müssen, welche Tatsachen es als erwiesen erachte und welche Gründe für die Strafzumessung maßgebend gewesen seien. Das Reichsgericht betonte demgegenüber, daß das Gericht, nachdem schon vor der Hauptverhandlung das Straffreiheitsgesetz ergangen war, in der Lage gewesen wäre, das Verfahren durch Beschluß einzustellen, also ohne durch eine Hauptverhandlung die Voraussetzungen hiefür feststellen zu müssen. Auch nach dem Beginn der Hauptverhandlung hat das Gericht die Frage der Straffreiheit jederzeit im

Auge zu behalten; es darf die Verhandlung nicht weiterführen, wenn eine Klärung des Sachverhalts soweit erzielt ist, daß beurteilt werden kann, ob die Voraussetzungen der Straffreiheit vorliegen. Dafür kann unter Umständen schon die Wahrnehmung des Angeklagten genügen. Die Hauptverhandlung hat mit einem Urteil zu schließen; in diesem sind die Gründe der Entscheidung anzugeben. Um eine Nachprüfung durch das Revisionsgericht zu ermöglichen, muß in der Begründung dargelegt werden, welches festgestellte oder schlimmstenfalls in Frage kommende Tun des Angeklagten der Beurteilung der Straffreiheitsfrage zugrunde gelegt worden ist. Eine solche Begründung ist aber nicht weiter erforderlich, als für die Würdigung der Straffreiheitsstrafe nötig ist. Die Begründung nicht über dies Maß auszudehnen, lag im gegebenen Fall ein besonderer Grund vor. In vielen Fällen fühlt sich der Angeklagte beschwert, weil nicht auf Freisprechung erkannt worden ist; das besonders, wenn das Gericht die Überzeugung von seiner strafbaren Tat in den Urteilsgründen darlegt. In einem solchen Falle wird dem Angeklagten insbesondere auch die Möglichkeit genommen, sich durch Einlegung eines Rechtsmittels von dem Verdacht, der auf ihm ruhen bleibt, zu reinigen. Wo ein solches Ergebnis vermieden werden kann, muß es zum mindesten als empfehlenswert bezeichnet werden, im Urteil von einer mehr oder weniger bestimmten Sachverhaltsfeststellung abzusehen, soweit es nicht für die Beurteilung der Straffreiheitsfrage nötig ist. Im allgemeinen wird die Angabe des Urteils darüber, was dem Angeklagten zur Last gelegt wird, genügen, wenn sich aus dem Urteil ergibt, daß auf Grund der Verhandlung jedenfalls keine schwerere Straftat in Frage kommt, und wenn außerdem kein Anhalt dafür ersichtlich ist, daß der angenommene Sachverhalt tatsächlich oder rechtlich in einem maßgebenden Punkte zu milde aufgefaßt worden ist. Wäre dagegen im Eröffnungsbeschluß eine Tat angenommen gewesen, für die das Straffreiheitsgesetz nicht anwendbar wäre, und wäre das Gericht auf Grund der Hauptverhandlung zu einer milderen Annahme gelangt, so läge ein Mangel des Urteils vor, wenn es keine nähere Darlegung darüber enthielte. Es liegt ferner auf der Hand daß im Falle der Verneinung der Strafbarkeit für bestimmte Anklagepunkte die Gründe hierfür anzugeben sind. (I, 22. März 1935.) Amtl. Sammlg. S. 157—162. Vgl. Bd. 69 S. 124.

49. **Devisen. Freigrenze. Unterwerfung.** (DevVO. 1932 § 41 b; DevG. 1935 § 51; StPO. §§ 156, 398, 427; RAbgO. § 445.) Der Kaufpreis für Waren, die aus der Tschechoslowakei bezogen worden waren, wurden ohne Genehmigung der Devisenstelle an den Prokuristen des Verkäufers, der in der Tschechoslowakei wohnte, in deutscher Währung bezahlt. Gegen die Verurteilung wurde eingewendet, daß das Landgericht die gesetzliche Freigrenze nicht berücksichtigt habe. Sie betrug zur Zeit der Tat monatlich 200 *RM*. Auf die Frage, ob monatliche Zahlungen, welche diese Summe übersteigen, in voller Höhe oder nur nach der Höhe des Mehrbetrags der Verurteilung zugrunde zu legen sind, geben die gesetzlichen Vorschriften keine klare Antwort. Der allgemeine Zweck und der strenge Standpunkt der Devisengesetzgebung sprechen aber entscheidend für die Auslegung, daß der ungekürzte Betrag dann maßgebend ist, wenn der Täter auf einmal oder in mehreren Teilzahlungen, aber auf Grund eines von vornherein bestehenden Vorsatzes die Freigrenze überschritten hat. Wer jedoch in einem Monat nur innerhalb der Freigrenze Zahlungen an das Ausland zu leisten gedachte, und diese Zahlungen straflos geleistet hat, wird nicht nachträglich auch wegen dieser Beträge strafbar, wenn er unvorhergesehenerweise noch eine Zahlung an das Ausland zu leisten hat und diese ohne Genehmigung der Devisenstelle ausführt. In einem solchen Falle sind nur die neuen Zahlungen zum Gegenstand der Verurteilung und der Einziehung zu machen. Die Devisenstelle hatte den Antrag gestellt, die Sache an sie zurückzugeben, weil die Angeklagten sich unter Verzicht auf eine gerichtliche Entscheidung der von der Devisenstelle festzusetzenden Strafe unterwerfen wollten. Das Unterwerfungsverfahren in Devisensachen ist aber nur für Sachen vorgesehen, in denen das gerichtliche Strafverfahren noch nicht eröffnet ist. Für die Unterwerfung in Steuersachen gilt das gleiche. (II, 14. März 1935.)
Amtl. Sammlg. S. 162—164.

50. **Mordverabredung. Besonders schwerer Fall. Urteilsform.** (StGB. § 49 b.) Mehrere Personen verab-

redeten miteinander, einen Mann, auf dessen Geld sie es abgesehen hatten, zu töten; einige Tage später beschlossen sie, auch dessen Mutter zu töten, falls sie sich ihnen in den Weg stellen sollte. Sie wurden wegen zweier Vergehen der Mordverabredung verurteilt. Das Reichsgericht verwies die Sache zurück. Zutreffend war auch ein bedingter und in den Einzelheiten unbestimmter Vorsatz für ausreichend erachtet worden, um den Tatbestand zu erfüllen. Der Ausdruck des Gesetzes „in Aussicht nehmen" umfaßt auch Verabredungen, die in der Durchführung noch stark von den Umständen abhängig sind. Es kommt auch nicht darauf an, ob die Verabredenden an der Ausführung des geplanten Verbrechens selbst, als Täter, Mittäter oder Gehilfen, teilnehmen sollen. Unrichtig war aber die Annahme zweier selbständiger Fälle. Allerdings war die Verabredung, die Frau zu töten, erst zustande gekommen, nachdem schon einige Zeit vorher die Vereinbarung über die Tötung des Mannes getroffen worden war. In dieser Richtung war das Vergehen schon vollendet, aber noch nicht beendet; das strafbare Handeln dauerte noch fort und wurde durch weitere Besprechungen erst auf die Frau ausgedehnt. Die Zahl der durch die Mordverabredungen bedrohten Menschen ist ohne entscheidenden Einfluß auf die Frage, ob eine oder mehrere strafbare Handlungen vorliegen. Im entscheidenden Teil des Urteils war ausgesprochen, daß die Angeklagten sich erschwerter Vergehen der Mordverabredung schuldig gemacht hätten. Die Vorschrift, in besonders schweren Fällen auf eine härtere Strafe zu erkennen, ist aber, wie die Zulassung mildernder Umstände, nur eine für die Strafzumessung gegebene Regel, die nicht die Schuldfrage berührt; für die Erwähnung eines bloßen Strafzumessungsgrundes ist aber im entscheidenden Teil des Urteils kein Platz. Ein besonders schwerer Fall darf nur in einem Hergang gefunden werden, der sich einigermaßen deutlich von dem gewöhnlichen Bilde einer strafbaren Handlung der in Betracht kommenden Art in einer den Täter belastenden Weise unterscheidet. Es hätte geprüft werden müssen, ob die Dauer der Aussprache die gewöhnliche Dauer einer Verabredung zu einem Mord bemerkenswert überschritt, ob die besonderen Beweggründe der Angeklagten sich wesentlich von den allgemeinen Be-

weggründen, die zu Verbrechen führen, unterscheiden, ob die öffentliche Ordnung, die durch die Strafvorschrift in erster Reihe geschützt werden soll, durch die Verabredung besonders gefährdet war; überhaupt mußte die Tat in ihrer Gesamtheit gewürdigt werden. Je nach Lebensalter, Reife, Vorleben und sonstiger Eigenart der Täter kann die Tat bei dem einen einen besonders schweren Fall darstellen, bei dem anderen nicht. (I, 19. März 1935.)
Amtl. Sammlg. S. 164—170.
Vgl. Bd. 59 S. 217; Bd. 68 S. 362, 391.

51. **Sicherungsverwahrung. Nachträgliche Anordnung. Verbrauch der Strafklage. Schlechterstellung. Rechtskraft.** (GewVerbrG. Art. 5; StPO. §§ 331, 358, 429b.) Der durch ein Urteil vom 16. November 1934 ausgesprochenen nachträglichen Anordnung der Sicherungsverwahrung hatte das Landgericht drei Strafen zugrunde gelegt, von denen der Angeklagte die erste bis zum 26. Mai 1925, die zweite bis zum 26. Februar 1929 verbüßt hatte, während er die dritte vom 21. August 1933 bis zum 21. Februar 1935 zu verbüßen hatte. Am 19. Oktober 1933 war der Angeklagte wegen Rückfalldiebstahls zu einer Zuchthausstrafe verurteilt worden; seine Berufung war am 15. Januar 1934 verworfen worden. Die Revision gegen das Urteil vom 16. November 1934 hatte Erfolg. Das Berufungsgericht war beim Erlaß des Urteils vom 15. Januar 1934 in der Lage, die Sicherungsverwahrung anzuordnen; es hatte diese Anordnung unterlassen, ohne daß ein Grund hiefür ersichtlich war. Das Verbot der Schlechterstellung stand nicht im Wege. Es gilt allerdings auch für Maßnahmen der Sicherung und Besserung; da aber Art. 5 GewVerbrG. gegenüber den Urteilen, die vor dem 1. Januar 1934 erlassen worden sind, für die Sicherungsverwahrung die Rechtskraft überhaupt durchbricht, muß gegenüber diesen Urteilen um so mehr das Verbot der Schlechterstellung, das ja nur eine beschränkte Rechtskraft schafft, zurücktreten. Die Rechtsgrundsätze, die für den Verbrauch der Strafklage gelten, sind auch auf Urteile anzuwenden, die auf Anordnung der Sicherungsverwahrung und ähnliche Maßnahmen lauten. Der Tat bei der Strafklage entspricht bei der Sicherungsverwahrung der Umstand, daß der Angeklagte ein gefährlicher Gewohnheitsverbrecher ist, dessen Sicherungsverwahrung

für die Öffentlichkeit notwendig ist. Die früheren Verurteilungen sind dafür nur Beweisgrundlagen. Dadurch, daß in dem Urteil, das die nachträgliche Sicherungsverwahrung anordnet, andere Beweisgrundlagen verwandt werden als in dem früheren Urteil, das auf Sicherungsverwahrung hätte erkennen können, wird der Sachverhalt nicht verändert. Wenn demnach in einem rechtskräftigen Urteil die Sicherungsverwahrung hätte angeordnet werden können und müssen, aber nicht angeordnet worden ist — sei es, daß sie ausdrücklich abgelehnt oder daß sie versehentlich übergangen wurde — so ist die Strafklage für die Sicherungsverwahrung verbraucht. Der nachträglichen Anordnung der Sicherungsverwahrung steht ein nach dem 1. Januar 1934 erlassenes Urteil nicht entgegen, wenn das erkennende Gericht aus verfahrensrechtlichen Gründen eine sachliche Entscheidung über die Sicherungsverwahrung überhaupt abgelehnt hat. Ebensowenig kann ein Urteil, das nach diesem Zeitpunkt ergeht, für die Frage, ob die Sicherungsverwahrung anzuordnen ist, Rechtskraftwirkung äußern, wenn die abgeurteilte Tat nicht als kennzeichnend für die Eigenschaft des Täters als gefährlicher Gewohnheitsverbrecher angesehen worden ist, da in diesem Falle ja rechtlich gar nicht auf Sicherungsverwahrung hätte erkannt werden können. Umgekehrt hindert ein Urteil, das im nachträglichen Verfahren die Sicherungsverwahrung ablehnt, nicht eine neue Entscheidung über diese Maßnahme, wenn später eine neue Tat abzuurteilen ist, die der Täter nach dem 1. Januar 1934 begangen hat; dem Gericht wird in diesem Falle eine Verfehlung als Grund für die Maßnahme unterbreitet, die gar nicht berücksichtigt werden konnte, als jenes Urteil erlassen wurde. Keiner dieser Ausnahmefälle war in der vorliegenden Sache gegeben. (II, 24. März 1935.) Amtl. Sammlg. S. 170—173.
Vgl. Bd. 68 S. 169, 383, 384.

52. **Falsche Anschuldigung. Verdächtigung.** (StGB. § 164.) Bei seiner polizeilichen Vernehmung gab der wegen eines Sittlichkeitsverbrechens festgenommene Beschuldigte als seinen Namen den Namen eines seiner Bekannten an in der Absicht, das Verfahren auf diesen abzulenken. Er wurde auch einvernommen, konnte aber nachweisen, daß er nicht am Tatort gewesen war. Der Tatbestand der

falschen Anschuldigung war damit erfüllt. Aus der früheren Fassung des § 164 StGB. („wer bei einer Behörde eine Anzeige macht") wurde gefolgert, daß eine einseitige, aus eigenem Antrieb des Anzeigenden hervorgegangene Mitteilung an die Behörde vorliegen müsse; das wurde verneint, wenn der Mitteilende durch eine amtliche Vernehmung zu seiner Aussage veranlaßt worden war. Dieser Auffassung ist durch die neue Fassung der Vorschrift („wer einen anderen bei einer Behörde wider besseres Wissen einer strafbaren Handlung beschuldigt") der Boden entzogen worden. Es kommt jetzt nicht mehr darauf an, ob die Beschuldigung freiwillig oder auf Befragen erhoben wurde; auch wer die behördliche Verfolgung auf die Spur eines anderen lenkt, um den Verdacht von sich selbst abzulenken, handelt in der Absicht, ein behördliches Verfahren gegen den Verdächtigten herbeizuführen. (III, 25. März 1935.)

Amtl. Sammlg. S. 173—175.

Vgl. Bd. 8 S. 162.

53. **Mündliche Verhandlung. Urteilsgründe. Sitzungsprotokoll. Öffentlichkeit.** (GVG. §§ 172, 173, 175; StPO. §§ 33, 273, 338 Nr. 6.) Nach der Vernehmung des Angeklagten wurde auf Antrag der Staatsanwaltschaft und im allgemeinen Einverständnis die Öffentlichkeit wegen Gefährdung der Sittlichkeit ausgeschlossen. Nach Beendigung der Beweisaufnahme und nach den Schlußvorträgen der Beteiligten wurde die Öffentlichkeit wieder hergestellt und das Urteil verkündet, dann aber für die Dauer der mündlichen Mitteilung des wesentlichen Inhalts der Urteilsgründe die Öffentlichkeit wieder ausgeschlossen. Die Revision des Angeklagten, die auf Verletzung der Vorschriften über die Öffentlichkeit des Verfahrens gestützt war, hatte keinen Erfolg. In Frage konnte nur kommen, ob beim Ausschluß der Öffentlichkeit für die Dauer der Mitteilung der Urteilsgründe richtig verfahren worden war. Die Anordnung setzte voraus, daß vorher den Beteiligten Gelegenheit gegeben wurde, dazu Stellung zu nehmen; die frühere Anhörung zu dem Beschluß, die Öffentlichkeit für die Dauer der Verhandlung auszuschließen, genügte dazu nicht. Es mußte auch für diesen Ausschluß der Öffentlichkeit ein neuer, besonderer Beschluß des Gerichts ergehen. Das Gericht kann

erst nach Schluß der Beweisaufnahme, wenn feststeht, wie die Entscheidung zu fällen ist, übersehen, wie sie begründet werden muß und ob die Bekanntgabe der Gründe in der Öffentlichkeit bedenklich erscheint. Auch dem Angeklagten, der seiner Verurteilung entgegensieht, kann daran liegen, daß die Grenzen seiner Schuld der Öffentlichkeit bekannt gemacht werden. Die nochmalige Anhörung der Beteiligten vor Erlaß dieses Beschlusses ist also eine wesentliche Förmlichkeit des Verfahrens, deren Beobachtung durch das Sitzungsprotokoll nachgewiesen werden muß. Da im gegebenen Falle das Sitzungsprotokoll hierüber nichts enthielt, war die Behauptung der Revision, daß die Anhörung nicht stattgefunden habe, als erwiesen anzusehen. Der Verfahrensverstoß wurde früher als ein zwingender Revisionsgrund angesehen. Diese Auffassung hielt das Reichsgericht nicht mehr fest. Ein Urteil ist stets auf Verletzung des Gesetzes beruhend anzusehen, wenn es auf Grund einer mündlichen Verhandlung ergangen ist, bei welcher die Vorschriften über die Öffentlichkeit des Verfahrens verletzt sind. Unter mündlicher Verhandlung kann hier nur der Teil der Hauptverhandlung verstanden werden, der der Urteilsverkündung vorausgegangen ist. Wird für diesen Teil einwandfrei verfahren, so ist nicht einzusehen, wie die darauf gefundene Entscheidung noch dadurch beeinflußt werden könnte, daß bei der Art der Mitteilung der Gründe eine Verfahrensvorschrift verletzt wird. Die Senate, die früher anders entschieden hatten, waren mit der neuen Auffassung einverstanden. (III, 4. April 1935.)

Amtl. Sammlg. S. 175—179.

Vgl. Bd. 20 S. 383; Bd. 35 S. 103; Bd. 43 S. 300; Bd. 57 S. 26; Bd. 60 S. 279.

54. Straffreiheit. Notwehr. (StGB. §§ 53, 212, 213; StrafFreihG. §§ 3, 6.) Am 30. Juni 1934 fand in einer Wirtschaft ein Kameradschaftsabend des Marine-SA.-Sturms statt, an den sich ein Tanz anschloß. Der Standortführer, der zugleich Führer des am gleichen Orte bestehenden SA.-Sturms war und für sämtliche SA.-Männer Zapfenstreich anzusetzen hatte, erfuhr von den Ereignissen des Tages und begab sich bald nach Mitternacht in die Wirtschaft, in der die Veranstaltung stattfand, um diese einzustellen. Es kam zu einer erregten Auseinandersetzung, die auch noch vor der Wirtschaft fortdauerte. Drei Männer des Marine-SA.-Sturms sprangen gegen den Standortführer, um ihn anzugreifen. Zwei wurden zurückgehalten; mit dem dritten kam er in ein Handgemenge. Er zog seinen Dolch und verletzte den Angreifer so schwer, daß dieser starb. Das Schwurgericht verurteilte ihn wegen Totschlags unter mildernden Umständen zu einer Gefängnisstrafe. Seine Revision führte zur Zurückverweisung der Sache. Die Anwendung des Straffreiheitsgesetzes hatte das Schwurgericht mit der Begründung abgelehnt, daß es sich nicht um einen Zusammenstoß zwischen Anhängern und Gegnern des nationalsozialistischen Gedankens gehandelt habe. Für die Anwendung des Straffreiheitsgesetzes ist es aber belanglos, ob politische Gegensätze zwischen dem Täter und seinem Widersacher bestanden haben und ob der Kampf des Täters gegen Andersdenkende gerichtet gewesen ist. Dagegen stand der Anwendung des Straffreiheitsgesetzes entgegen, daß dem Angeklagten ein Verbrechen gegen das Leben zur Last fiel. Das Schwurgericht hatte angenommen, daß Totschlag unter mildernden Umständen von der Straffreiheit deshalb nicht grundsätzlich ausgeschlossen sei, weil § 213 StGB. im Gesetz nicht unter den Ausnahmen angeführt sei; diese Bestimmung stellt aber keinen besonderen gesetzlichen Tatbestand auf, verfügt vielmehr nur, daß bei Vorhandensein mildernder Umstände eine geringere als die regelmäßige Strafe einzutreten hat. Dagegen war genauer zu prüfen, ob der Angeklagte nicht in Notwehr gehandelt hatte. Das Schwurgericht hatte festgestellt, daß er seinem Gegner an Körperkraft überlegen war, und hatte angenommen, daß er sich auch ohne Gebrauch des Dolches wirksam hätte verteidigen können. Es war aber zu berücksichtigen, daß es sich hier nicht um einen Streit zweier Privatpersonen handelte, sondern um einen tätlichen Angriff eines Untergebenen gegen einen im Dienst befindlichen Vorgesetzten. Wollte man diesem zumuten, seine Waffe preiszugeben und sich in eine Balgerei mit einem Untergebenen einzulassen, so würde man der besonderen Lage nicht gerecht, in der sich der Angeklagte befand. Er war nicht nur befugt, auf seinen persönlichen Schutz bedacht zu sein, vielmehr auch berechtigt und verpflichtet, das Ansehen und die Belange der von ihm verkörperten und durch ihn vertretenen Befehlsgewalt zu verteidigen. Es kam auch nicht entscheidend darauf an, daß der Angeklagte vor Beginn des Streites nicht das Benehmen an den Tag legte, das einem Vorgesetzten zukam, sich vielmehr zu groben Schimpfworten hinreißen ließ. (III, 4. April 1935.) Amtl. Sammlg. S. 179—184.

55. **Amtsunterschlagung. Unrichtiger Beleg.** (StGB. § 351.) Ein Notar, der einen Nachlaß zu verwalten hatte und über dessen Bankguthaben verfügen konnte, erhob von diesem einen größeren Betrag und verwandte ihn für sich. Dem Landgerichtspräsidenten, der seine Amtsführung nachprüfte, legte er ein Konto-Gegenbuch der Bank vor, in das er Buchungen nur bis zu einem der Abhebung vorhergehenden Tage hatte aufnehmen lassen. Er war mit Recht wegen erschwerter Amtsunterschlagung verurteilt worden. Als Notar hatte er ein Verwahrungsbuch über die von ihm verwalteten Gelder zu führen; in dies waren nach der Zeitfolge geordnet die sämtlichen Einnahmen und Ausgaben der zur Verwahrung genommenen Gelder und Wertsachen aufzunehmen. Das Konto-Gegenbuch der Bank war als Beleg hiezu anzusehen; es enthielt fortlaufende Einträge, in denen die Bank durch ihre Angestellten rechtsverbindlich die einzelnen Eingänge und Ausgänge bescheinigen ließ. Das Gegenbuch war daher geeignet, Beweis für die Einzahlungen und Auszahlungen zu erbringen und außerdem Beweis für die Tatsache, daß seit der letzten Eintragung keine weiteren Auszahlungen vorgenommen waren. Ob das Gegenbuch auch dazu bestimmt war, als Beleg für das Verwahrungsbuch zu dienen, war an sich ohne Belang; da aber vorgeschrieben war, daß der Notar die Angaben seines Verwahrungsbuches über den Bestand an fremden Geldern statt durch Vorweisung der Gelder selbst auch durch Vorweisung banküblicher Bescheinigungen belegen durfte, war auch hieran nicht zu zweifeln. Als unrichtig ist ein Beleg nicht nur anzusehen, wenn er fälschlich angefertigt, verfälscht oder inhaltlich unrichtig ist, sondern auch, wenn er zu einer Buchung in falsche Beziehung gesetzt wird. Das hatte der Angeklagte getan. (III, 8. April 1935.)

Amtl. Sammlg. S. 184—187.

Vgl. Bd. 60 S. 65.

56. **Volltrunkenheit. Urteilsfassung.** (StGB. § 330 a.) Das Landgericht hatte den Angeklagten wegen im Rausch-

zustand begangener versuchter Notzucht verurteilt. Das Reichsgericht berichtigte das Urteil dahin, daß er wegen vorsätzlicher Zuwiderhandlung gegen § 330a StGB. verurteilt sei. Die strafbare Handlung besteht in den Fällen des § 330a StGB. darin, daß der Täter sich in einen Rausch versetzt hat, der die Zurechnungsfähigkeit ausschließt. Lediglich dieser Teil des äußeren Tatbestandes muß von der Schuld (Vorsatz oder Fahrlässigkeit) des Täters umfaßt sein. Allerdings kann eine Strafe hiefür nur eintreten, wenn der Täter in dem Rauschzustand eine mit Strafe bedrohte Handlung begangen hat; hierauf braucht sich aber seine Schuld nicht zu erstrecken. Demgemäß kann der Urteilssatz auch nicht auf diese Tat lauten. (III, 29. April 1935.) Amtl. Sammlg. S. 187—189.

57. **Volltrunkenheit. Militärisches Vergehen.** (StGB. § 330a; MStGB. §§ 17, 91.) Ein Matrose war zu einer Arreststrafe verurteilt worden, weil er in einem die Zurechnungsfähigkeit ausschließenden Rauschzustande, den er fahrlässig herbeigeführt hatte, Beleidigungen gegen Offiziere ausgesprochen hatte. Das Urteil wurde aufgehoben. Mit Arrest können nur militärisch strafbare Handlungen geahndet werden; das sind aber nur solche, die im Militärstrafgesetzbuch aufgeführt und mit Strafe bedroht sind. Auf die Volltrunkenheit trifft das nicht zu. Die Strafe wegen Volltrunkenheit darf nach Art und Maß nicht schwerer sein als die für die vorsätzliche Begehung angedrohte Strafe. Für die Beleidigung von Offizieren ist im Militärstrafgesetzbuch Gefängnis oder Festsetzung bis zu 2 Jahren (bei Beleidigung mit Bezug auf eine Diensthandlung bis zu 3 Jahren, bei verleumderischer Beleidigung bis zu 5 Jahren) angedroht; wird die Strafe auf weniger als 43 Tage bemessen, so ist sie Arrest. Eine Gefängnisstrafe, die sich innerhalb der Grenze von zwei Jahren hält, wie sie § 330a StGB. für schuldhafte Volltrunkenheit vorsieht, ist also in keinem Falle nach Art und Maß schwerer als die schwerste Art und das höchste Maß der nach § 91 MStGB. für den Regelfall der Beleidigung von Offizieren angedrohten Strafe. Auf die Streitfrage über das Wertverhältnis zwischen Gefängnis und Arrest brauchte unter diesen Umständen nicht eingegangen zu werden. Ob es sich um eine einfache Beleidigung oder um eine Beleidigung mit Bezug auf Diensthandlungen oder

eine verleumderische Beleidigung handelt, bleibt immerhin für die Strafzumessung von Bedeutung; durch den Rausch wird auch eine verleumderische Beleidigung nicht ausgeschlossen, da Zurechnungsunfähigkeit nur bedeutet, daß der Täter infolge des Rauschzustandes unfähig gewesen ist, das Unerlaubte seiner Tat einzusehen oder nach dieser Einsicht zu handeln, nicht aber, daß er nicht imstande war, die Unwahrheit seiner Behauptungen zu erkennen. (IV, 16. April 1935.) Amtl. Sammlg. S. 189—191. Vgl. Bd. 5 S. 339; Bd. 58 S. 65, 70; Bd. 63 S. 46; Bd. 64 S. 349; RMG. Bd. 3 S. 154; Bd. 5 S. 110; Bd. 7 S. 285; Bd. 12 S. 53; Bd. 18 S. 49, 145.

58. **Prozeßbetrug. Meineid. Falsche Parteiaussage.** (StGB. §§ 153, 263.) Eine Frau erhob Klage auf Rückgabe eines Darlehens. Der Beklagte wurde als Partei eidlich vernommen und beschwor, das Darlehen nicht erhalten zu haben. Er wurde wegen Meineid verurteilt. Das Reichsgericht erklärte, daß das Verhalten des Angeklagten auch den Tatbestand eines versuchten Betrugs erfüllte. Ob ein Prozeßbetrug auch schon durch eine falsche Parteibehauptung begangen werden kann, brauchte nicht entschieden zu werden. Die verantwortliche Vernehmung einer Partei ist ein förmliches Beweismittel; der Richter hat sie wie ein anderes Beweismittel zu würdigen und ihr nötigenfalls sogar das entscheidende Gewicht beizulegen. (IV, 7. Mai 1935.) Amtl. Sammlg. S. 191—192

59. **Schmuggel. Mittäterschaft. Beendigung. Beförderungsmittel. Einziehung. Werterſatz.** (RAbgO. § 401.) Zwei Pferde wurden über die polnische Grenze eingeschmuggelt. Das eine Pferd blieb zunächst einige Zeit im Stall des Händlers, der es eingeführt hatte; später wurde es dem Bauern zugeführt, für den es von vornherein bestimmt war. Erst damit wurde der Schmuggel, der rechtlich mit Überschreitung der Grenze vollendet war, auch beendet. Bis dahin war eine Beteiligung als Mittäter möglich. Das zweite Pferd wurde zunächst untergestellt und dann später verkauft. Auch hier war das Pferd erst mit dem Verkauf und der Übernahme zur Ruhe gekommen. Der Käufer war mit Recht als Mittäter bei der Hinterziehungshandlung verurteilt worden. Der Schmuggel war in beiden Fällen so ausgeführt worden, daß der Täter mit einem einspännigen Fuhrwerk über

die Grenze fuhr, jenseits der Grenze das Schmuggelpferd zuspannte und dann mit beiden Pferden über die Grenze zurückkehrte; an den endgültigen Bestimmungsort waren die Pferde ebenfalls in der Weise gebracht worden, daß sie vor einen Wagen gespannt wurden. Die Strafkammer hatte nicht nur auf Einziehung der geschmuggelten Pferde erkannt, sondern auch auf Einziehung oder Wertersatz hinsichtlich sämtlicher Pferde und Wagen, welche die Täter bei ihren Fahrten gebraucht hatten. Das war unzulässig. Zunächst durfte auf Wertersatz für Beförderungsmittel, deren Einziehung nicht vollzogen werden konnte, überhaupt nicht erkannt werden. Als Beförderungsmittel sind nur jene Fahrzeuge anzusehen, die zur Beförderung der geschmuggelten Gegenstände zum Zweck der Zollhinterziehung benutzt worden sind. Es genügt nicht, daß sich der Täter zu seiner eigenen Fortbewegung während der Vorbereitung oder Ausführung der Tat eines Fahrzeugs bedient oder daß er solche sonst mit sich führt, mag das auch zu dem Zweck geschehen, sein Auftreten unverdächtiger erscheinen zu lassen. (III, 15. April 1935.)

Amtl. Sammlg. S. 193—194.

Vgl. Bd. 48 S. 104; Bd. 52 S. 23; Bd. 68 S. 42.

60. Mineralwassersteuer. Vorentscheidung. Innerer Tatbestand. Irrtum. (MinWStG. §§ 3, 4, 5, 7, 10, 12; MinWStGDurchfVO. §§ 31, 36, 42, 47, 50, 51; RAbgO. §§ 99, 192, 391, 395, 396, 401, 402, 413, 468.) Ein Mineralwasserhersteller bezog einen Teil seiner Tafelwässer aus einer Brauerei. Bei einer Prüfung seiner Geschäftsbücher ergab sich, daß er zu wenig Flaschen zur Versteuerung angemeldet hatte. Das Landesfinanzamt setzte die zu wenig bezahlte Steuer auf 317 *RM* fest. Die Entscheidung wurde rechtskräftig. Das Landgericht legte sie seinem Urteil zugrunde. Das Reichsgericht verwies die Sache zurück. Eine die Gerichte bindende Entscheidung des Reichsfinanzhofs lag nicht vor. Das Landgericht hätte demgemäß selbständig prüfen und eingehend die tatsächlichen Verhältnisse darlegen müssen, aus denen es das Bestehen und die Verkürzung des Steueranspruchs durch den Angeklagten herleitete. Die Steuerschuld entsteht, sobald die steuerbaren Erzeugnisse aus dem Herstellungsbetrieb entfernt oder innerhalb des Herstellungsbetriebs getrunken werden. Entscheidend ist das Ausscheiden aus der steuerlichen Überwachung; eine Zuführung zum Verbrauch ist nicht erforderlich. Für Waren, die aus dem Betrieb des Angeklagten hinausgegangen und wieder zurückgekehrt waren, war die Steuer zu erstatten; wenn sie wieder hinausgingen, entstand die Steuerpflicht von neuem. Der Angeklagte hatte beim Abfahren der Flaschen und bei der Rückkehr der Wagen die Menge der hinausgegangenen und zurückgekehrten Flaschen festgestellt und nur den Unterschied in die Bücher eingetragen. Das war unzulässig; das Verfahren gewährte keinen Überblick über die Höhe der tatsächlich entstandenen Steuerschuld und nahm dem Angeklagten den Anspruch auf Erstattung der Steuer, der von der Einhaltung der Überwachungsbestimmungen abhängig ist. Für die Flaschen, die der Angeklagte von der Brauerei bezogen hatte, war eine Steuerschuld nicht entstanden; sie waren schon beim Hinausgehen aus der Brauerei zu versteuern gewesen. Eine Vorschrift, wonach betriebsfremde Erzeugnisse beim Einbringen in einen Herstellungsbetrieb als Rückware zu behandeln sind, wie sie das Biersteuergesetz enthält, fehlt im Mineralwassersteuergesetz. Die Bestrafung wegen Steuerhinterziehung tritt ein, ohne daß der Vorsatz festgestellt werden braucht, wenn Erzeugnisse, für die eine Steuerschuld entstanden ist, nicht oder nicht richtig angemeldet, oder wenn die vorgeschriebenen Anschreibungen nicht oder wissentlich nicht richtig geführt werden. Wird festgestellt, daß der Täter ohne den Vorsatz der Hinterziehung gehandelt hat, so tritt keine Bestrafung wegen Steuerhinterziehung ein. Das Landgericht hatte den Vorsatz des Angeklagten daraus abgeleitet, daß er die von der Brauerei ausgestellten Lieferscheine verfälscht hatte; es hatte aber nicht festgestellt, wann diese Verfälschungen vorgenommen wurden, und nicht beachtet, daß sich die Fälschungen auf Waren bezogen, für die keine Steuerschuld entstanden war. Die Prüfungsbeamten hatten den Angeklagten nie auf die unrichtige Führung der Steuerbücher aufmerksam gemacht. Ein Irrtum des Angeklagten über die Vorschriften des sachlichen Steuerrechts war nach der ständigen Rechtsprechung des Reichsgerichts einem Tatsachenirrtum gleichzusetzen. Falls das Landgericht in der neuen Verhandlung in der Frage, ob und in welcher Höhe ein Steueranspruch verkürzt worden war, zu einer anderen Auffassung gelangte, die Schuldfrage aber aus Gründen des inneren Tatbestandes verneinte, war eine Anrufung des Reichsfinanzhofes nicht geboten, da die Vorschrift des § 468 RAbgO. nur für die äußeren Tatbestandsmerkmale des abzuurteilenden Steuervergehens Bedeutung hat. Eine solche Vorentscheidung würde aber, sofern ohne Feststellung einer persönlichen Steuerschuld des Angeklagten nur einer der Vermutungstatbestände des § 12 MinWStG. als erwiesen angesehen wurde, erforderlich werden, wenn das Landgericht in Fragen des Bestehens der Steuerschuld oder der Steuerverkürzung oder der Höhe der Steuerverkürzung von der rechtskräftigen Entscheidung des Landesfinanzamts abweichen wollte. (II, 6. Mai 1935.)

Amtl. Sammlg. S. 195—200.

Vgl. Bd. 57 S. 212; Bd. 58 S. 382, 428; Bd. 59 S. 258; Bd. 62 S. 101, 322; Bd. 65 S. 71, 165; Bd. 66 S. 298.

61. **Gewerbsmäßige Hehlerei. Beendigung. Urkundenfälschung. Rechtliches Zusammentreffen.** (StGB. §§ 73, 259, 260, 267, 268, 270.) L. kaufte einen Kraftwagen, von dem er wußte, daß er gestohlen war. Nachdem die Motor- und die Fahrgestellnummer geändert worden waren (von wem, war nicht festzustellen), überließ er den Wagen an R. und verkaufte ihn gemeinschaftlich mit diesem an H. Das Verfahren gegen L. wegen Hehlerei wurde wegen Verbrauchs der Strafklage eingestellt, weil die Straftat einen Teil einer gewerbsmäßig betriebenen Hehlerei darstellte, wegen derer er schon rechtskräftig abgeurteilt war; dagegen wurde er wegen Urkundenfälschung verurteilt, weil ihm beim Verkauf des Wagens an H. die an dem Wagen vorgenommenen Fälschungen bekannt waren und er den Käufer darüber täuschte. In Frage kam, ob nicht die Urkundenfälschung mit der Hehlerei rechtlich zusammentraf; in diesem Falle wäre auch die Strafklage wegen Urkundenfälschung verbraucht gewesen. Das war aber nicht der Fall. Die Hehlerei war dadurch, daß er den Wagen für sich erwarb, nicht nur vollendet, sondern auch beendet. Wenn er dann den Wagen dem R. überließ und mit diesem verkaufte, war das nicht auf seiner Seite eine Fortsetzung der Hehlerei in der Form des Mitwirkens zum Absatz; das Mitwirken zum Absatz im Sinne des § 259 StGB. enthält ein Zusammenwirken

mit dem Veräußerer oder ein Tätigwerden für ihn. Ein solches kann trotz eines vorausgegangenen Ansichbringens hehlerisch sein, wenn der Täter bei diesem nicht die alleinige Verfügungsgewalt erlangt hat; im vorliegenden Falle hatte aber L. die alleinige Verfügungsgewalt schon erlangt, als er gemeinsam mit R. den Verkauf vornahm. Die Hehlerei und die Urkundenfälschung trafen also nicht rechtlich, sondern sachlich zusammen. Die Strafklage wegen Urkundenfälschung war demgemäß nicht verbraucht. R. war wegen eines Verbrechens der gewerbsmäßigen Hehlerei und eines Verbrechens der Urkundenfälschung verurteilt worden. Das erklärte das Reichsgericht für rechtsirrig. R. hatte den Wagen von L. nicht erworben. wenn er auch die Umschreibung auf seinen Namen erwirkt hatte; er wollte ihn nur gemeinsam mit L. verkaufen. Die Übernahme stellte also höchstens anteilsweise ein Ansichbringen und somit den Beginn einer Hehlerei dar, die in der Erwirkung der Umschreibung und im Verkauf ihre Fortsetzung fand. Demgemäß hatte R. durch den Verkauf sowohl zum Absatz mitgewirkt als auch von der verfälschten Urkunde Gebrauch gemacht; mindestens zum Teil deckten sich die beiden Straftaten, trafen also miteinander rechtlich zusammen. Dieser Mangel wurde durch das Reichsgericht berichtigt; im Strafausspruch wurde das Urteil aufgehoben. (II, 9. Mai 1935.)

Amtl. Sammlg. S. 200—203.
Vgl. Bd. 53 S. 212; Bd. 57 S. 73; Bd. 59 S. 397; Bd. 68 S. 94.

62. **Genossenschaftliche Untreue. Pflichtwidrigkeit. Sittliche Pflicht.** (StGB. § 266; GenG. § 146; HGB. § 312.) Der Direktor einer Aktiengesellschaft übernahm aus persönlichem Entgegenkommen die Leitung einer notleidenden Genossenschaft, obwohl er in dieser Stellung erheblich weniger Einnahmen hatte. Sowohl aus der Mitte der Vorstandschaft als des Aufsichtsrats war ihm eine Entschädigung zu geeigneter Zeit versprochen worden. Er brachte die Genossenschaft so in die Höhe, daß diese Rücklagen ansammeln konnte. Da er durch diese Tätigkeit vollständig in Anspruch genommen war, mußte er die Bewirtschaftung eines ihm gehörigen Gutes vernachlässigen und erlitt dort erhebliche Verluste. Die Genossenschaft beschloß, ihm eine Schuld, die er für die Bewirt-

schaftung des Gutes bei ihr aufgenommen hatte, zu erlassen. Er wurde wegen genossenschaftlicher Untreue verurteilt. Das Reichsgericht sprach ihn frei. Nicht jede unentgeltliche Zuwendung, die der Vorstand einer Genossenschaft macht oder sich gewähren läßt, ist als Untreue im Sinne des § 146 GenG. (oder des § 312 HGB.) anzusehen. Grundsätzlich handelt freilich absichtlich zum Nachteil der Genossenschaft ein Vorstandsmitglied, das vorsätzlich das Vermögen der Genossenschaft schmälert; dabei genügt schon der bedingte Vorsatz. Dieser Grundsatz ist aber in der Rechtsprechung des Reichsgerichts durch eine scharfe Abgrenzung des inneren Tatbestandes eingeschränkt worden. Untreue liegt hiernach nur vor, wenn der Täter die Schädlichkeit seines Handelns für das ihm anvertraute Vermögen nicht nur als möglich erkannte, sondern auch innerlich billigte. Das trifft bei unentgeltlichen Zuwendungen immer zu; hier bedarf schon der äußere Tatbestand einer einschränkenden Abgrenzung. Eine solche ist darin zu finden, daß die Handlung als pflichtwidrig erscheinen muß. Einwandfreies und pflichtwidriges Handeln lassen sich in der geschäftlichen Tätigkeit eines Genossenschaftsvorstandes oft nur dadurch unterscheiden, ob die Grenzen der ordnungsmäßigen Geschäftsführung eines gewissenhaften und ehrbaren Geschäftsmannes eingehalten oder überschritten worden sind. Im vorliegenden Falle mußte beachtet werden, daß dem Angeklagten, der durch die Aufgabe seiner früheren Stellung große Opfer gebracht hatte, eine Entschädigung mindestens vom sittlichen Standpunkt aus, wahrscheinlich sogar rechtlich geschuldet wurde; auch waren die großen Verluste zu berücksichtigen, die er erlitt, weil der Einsatz seiner ganzen Kraft für das Genossenschaftswesen es ihm unmöglich machte, sich um seine persönlichen Verhältnisse, besonders um seine Gutswirtschaft, ausreichend zu kümmern. Ungewöhnliche Leistungen, wie sie der Angeklagte vollbrachte, verdienen auch entsprechend hohe Gegenleistungen. Bei solcher Sachlage war die ihm gewährte Zuwendung durchaus vertretbar. (I, 10. Mai 1935.)

Amtl. Sammlg. S. 203—208.

Vgl. Bd. 53 S. 194; Bd. 61 S. 211; Bd. 66 S. 255, 261; Bd. 68 S. 374; Bd. 69 S. 17; RGZ. Bd. 118 S. 315; JW. 1934 S. 2773.

63. Straßenverkehr. Kraftfahrzeugverkehr. Fahrlässigkeit. (StrVerkO. §§ 25 36; KraftFahrzG. § 21.) Die Vorschrift, daß jeder Teilnehmer am öffentlichen Verkehr sich so zu verhalten hat, daß er keinen anderen schädigt oder mehr, als nach den Umständen unvermeidbar, behindert oder belästigt, will nicht nur eine allgemeine Sorgfaltsregel aufstellen, sondern die Innehaltung der notwendigen Verkehrsordnung durch alle Verkehrsteilnehmer und damit die Verkehrssicherheit gewährleisten. Die gegenteilige Ansicht würde das Ziel der Vereinheitlichung gefährden, das die Straßenverkehrsordnung verfolgt. Die Vorschrift gibt in allgemeiner Fassung den Inhalt der meisten bisherigen Einzelvorschriften wieder, wie insbesondere aus der aufgehobenen Kraftfahrzeugverordnung die Vorschriften über gehörige Vorsicht, über angemessene Geschwindigkeit, über rechtzeitige Warnzeichen usw., die durchweg strafrechtliche Tatbestände enthielten. Die Strafbestimmung findet sich in § 36 StrVerkO. Sie gilt auch für Verstöße gegen die Straßenverkehrsordnung, die sich im Kraftfahrzeugverkehr ereignen; § 21 KraftFahrzG. ist nur noch bei Verstößen gegen polizeiliche Vorschriften anzuwenden, die nicht in die Straßenverkehrsordnung übernommen worden sind. (V, 16. Mai 1935.) Amtl. Sammlg. S. 208—210.

Vgl. Bd. 62 S. 125; Bd. 63 S. 250; Bd. 64 S. 272; DRZ. 1929 Nr. 184.

64. Devisenrecht. Mittelbare Stellvertretung. Nichtigkeit. Einziehung. Freigrenze. Ungerechtfertigte Bereicherung. (DevVO. 1932 §§ 12, 14, 18, 21, 29, 36; BGB. §§ 134, 138, 817.) Ein Deutscher, der in der Schweiz wohnte, schickte an seinen Sohn, der sich in Deutschland befand, Wertpapiere mit dem Auftrag, sie durch eine Bank verkaufen zu lassen; den Erlös ließ er sich in einem Falle in Deutschland aushändigen, in zwei anderen Fällen in die Schweiz bringen. Eine Genehmigung der Devisenstelle war in keinem Fall erholt worden. Der Sohn wurde wegen dreier Vergehen gegen die Devisenverordnung verurteilt; die Entscheidung über die Einziehung wurde ausgesetzt. Gegen den gleichfalls beschuldigten Vater wurde kein Urteil erlassen. Die Revision des Angeklagten hatte in der Hauptsache keinen Erfolg. Er hatte beim Verkauf der Wertpapiere als mittelbarer Stellvertreter seines Vaters gehandelt; die Forderung gegen die Bank auf Auszahlung des Erlöses stand ihm zu. Sein Vater hatte gegen ihn einen Anspruch auf Abführung des Erlöses. Sowohl die Bewirkung der Leistung durch den Schuldner als ihre Entgegennahme durch den Gläubiger war eine Verfügung über die Forderung. Es sind allerdings Fälle denkbar, in denen wegen des verbotenen Inhalts der Abmachungen kein rechtswirksamer Vertrag zustande kommt, also auch kein Anspruch auf Aushändigung des Erlöses entsteht; das kann insbesondere gelten, wenn die Abmachungen von vornherein und ausschließlich eine genehmigungslose Aushändigung des Erlöses in inländischen Zahlungsmitteln zum Gegenstand haben. Ob das hier zutraf, konnte dahingestellt bleiben; da die Wertpapiere dem Sohne treuhänderisch überlassen worden waren, hätte der Vater in diesem Fall einen Anspruch aus ungerechtfertigter Bereicherung erworben, dem § 817 BGB. nicht entgegengestanden wäre. Auch diese Forderung wäre unter den Genehmigungszwang gefallen. Unrichtig war es, die Entscheidung über die Einziehung aufzuschieben. Der Angeklagte war als Täter bestraft worden; der Umfang seiner Straftat stand also fest. Daß sich aus der etwaigen Verurteilung des Vaters noch weitere Einziehungsmöglichkeiten gegen den Angeklagten ergeben konnten, war nicht anzunehmen. Das Unterbleiben der Entscheidung beschwerte den Angeklagten schon deshalb, weil er einen Anspruch darauf hatte, daß das Verfahren gegen ihn vollständig zum Abschluß gebracht wurde, zumal wegen der Straftaten Vermögensstücke, die ihm gehörten, beschlagnahmt worden waren. Die Freigrenze des § 21 DevVO. kam in keinem Falle zur Anwendung; das war schon deshalb ausgeschlossen, weil für Straftaten gegen § 18 DevVO. die Freigrenze durch die 11. DevVO. gestrichen worden ist. Es war auch unzulässig, das Verbot auf dem Umweg über den § 12 oder § 14 DevVO. zu umgehen. Ist die Tat im Sinne des § 12 oder des § 14 DevVO. im ganzen auf eine Devisenschiebung gerichtet, so ist sie nicht etwa im Umfang der Freigrenze straflos, sondern in vollem Umfang strafbar; die Einziehung umfaßt in solchen Fällen den ganzen Betrag, nicht nur den Betrag, der über die Freigrenze hinausgeht. (I, 20. November 1934.)

Amtl. Sammlg. S. 210—212.

Vgl. Bd. 67 S. 321, 401; Bd. 68 S. 136; Bd. 69 S. 162.

65. Rechtsbeugung. Dienststrafverfahren. Rechtssache. Versuch. Irrtum. (StGB. § 336.) In einer Abteilung eines städtischen Wohlfahrtsamts zeigten sich Unregelmäßigkeiten. Der Leiter des Amtes erhielt den Auftrag, die Abteilung einer gründlichen Durchprüfung zu unterziehen. Er berichtete nach Erledigung des Auftrags, die Unregelmäßigkeiten seien durch Überlastung des zuständigen Beamten verursacht worden; irgendwelche Maßnahmen gegen diesen seien nicht zu treffen. Später ergab sich, daß der Beamte Unterschlagungen gemacht hatte. Der Leiter des Amtes wurde wegen Rechtsbeugung verurteilt auf Grund der Feststellung, daß er bewußt und pflichtwidrig Verfehlungen des Beamten zu vertuschen versucht habe. Das Reichsgericht verwies die Sache zurück. Ein Dienststrafverfahren ist als eine Rechtssache im Sinne des § 336 StGB. anzusehen, auch wenn nur eine Ordnungsstrafe zu erwarten ist; der beschuldigte Beamte hat als Partei im Sinne dieser Vorschrift zu gelten. Auch das vorbereitende Verfahren ist eine Rechtssache; ein Verwaltungsbeamter, der mit einem solchen Verfahren befaßt ist, kann Täter einer Rechtsbeugung sein. Im vorliegenden Falle war aber zu beachten, daß dem Angeklagten von Straftaten des Beamten, gegen den sich das Verfahren richtete, nichts bekannt war und daß zu der Zeit, da er tätig wurde, noch nicht feststand, ob ein Dienststrafverfahren eingeleitet werden sollte. Es bestand die Möglichkeit, daß die Prüfung der Geschäftsführung des Beamten darauf abzielte, eine Unterlage für die Beurteilung der Frage zu gewinnen, ob er nicht überlastet war. In diesem Falle konnte von einer Rechtssache keine Rede sein. Zweifel bestand auch darüber, ob der Angeklagte als Leiter der Rechtssache (wenn eine solche vorlag) bestellt war, oder ob er nur über das Ergebnis der vorgenommenen Prüfung berichten sollte. Anderseits war zu erwägen, ob nicht der Angeklagte irrtümlich eine Sachlage als gegeben annahm, bei der der Tatbestand der Rechtsbeugung gegeben gewesen wäre; dann konnte ein versuchtes Verbrechen der Rechtsbeugung vorliegen. Eine

Rechtsbeugung kann schon darin liegen, daß bewußt unterlassen wird, sachdienliche Aufklärungen zu schaffen; dagegen stand eine, wenn auch leichtfertige, Meinung, die Sache lasse sich nicht soweit aufklären, daß ein Dienststrafverfahren eingeleitet werden könnte, der Annahme einer Rechtsbeugung entgegen. (I, 14. Mai 1935.)

Amtl. Sammlg. S. 213—216.

66. Landhelferin. Erzieher. Lehrer. Unzucht. (StGB. § 174.) Ein Landwirt nahm an einem 15jährigen Mädchen, das ihm als Landhelferin zugewiesen war, unzüchtige Handlungen vor. Er wurde hierwegen verurteilt, indem angenommen wurde, daß er Erzieher des Mädchens gewesen sei. Das Reichsgericht bestätigte das Urteil. Die Landhilfe soll die Familienwirtschaft erhalten und unterstützen und bei den Helfern die zur Überwindung der Not unserer Zeit erforderlichen Eigenschaften entwickeln und fördern. Dieser erzieherische Zweck bringt es mit sich, daß dem landwirtschaftlichen Arbeitgeber erzieherische Aufgaben erwachsen können. Gegenüber einem minderjährigen Landhelfer wird er zum Erzieher, wenn er nach Gestaltung der Umstände — ähnlich einem Vater oder Vormund — die Lebensführung des Minderjährigen in sittlicher Beziehung kraft seines maßgebenden Ansehens zu überwachen und zu lenken hat. So lag die Sache hier, da das Mädchen sich noch in der Entwicklung befand und durch die Landhilfe der erzieherischen Einwirkung seiner Eltern entzogen war. Es konnte auch in Betracht kommen, ob nicht der Angeklagte als Lehrer des Mädchens anzusehen war, da er dieses in alle im Betrieb vorkommenden Arbeiten einzuführen hatte; diese Frage bedurfte aber keiner Entscheidung. (III, 16. Mai 1935.) Amtl. Sammlg. S. 216—218.

Vgl. Bd. 68 S. 20.

67. Militärgerichtliches Verfahren. Revision. (MStGO. § 316.) Die Anklage war wegen eines Vergehens des militärischen Diebstahls und wegen eines Verbrechens der Bestechlichkeit erhoben worden. In zwei Rechtszügen war der Angeklagte wegen des Vergehens verurteilt, wegen des Verbrechens aber freigesprochen worden. Gegen das Urteil des Oberkriegsgerichts legte er Revision ein. Sie wurde für zulässig erklärt. Nach § 316 MStGO. ist die Revision zulässig, wenn Gegenstand der Anklage oder

der Aburteilung Verbrechen waren, die nicht nur wegen Rückfalls oder wegen der erhöhten Strafdrohung des § 53 MStGB. Verbrechen sind, es sei denn, daß das Berufungsgericht in diesen Fällen nicht mit der Schuldfrage befaßt worden ist. Diese Voraussetzungen waren gegeben. Daran änderte auch der Umstand nichts, daß der Angeklagte wegen des Verbrechens der Bestechlichkeit freigesprochen wurde und daß sich die Revision nur gegen die Verurteilung wegen des Vergehens des Diebstahls richtete. (IV, 24. Mai 1935.) Amtl. Sammlg. S. 218—220.

68. **Hauszinssteuer. Untreue.** (RAbgO. §§ 3, 4, 8, 18, 396; FinAusglG. § 19; PrHauszStVO. §§ 1, 2, 8.) Ein städtischer Angestellter, der mit der Bearbeitung von Hauszinssteuerstundungsanträgen befaßt war, wirkte bei der Erschleichung von Stundungen durch falsche Vorspiegelungen mit. Er wurde wegen Steuerhinterziehung nach § 396 RAbgO. verurteilt. Das Reichsgericht verwies die Sache zurück. Die Hauszinssteuer ist in Preußen eine Landessteuer und zwar eine Realsteuer. Die Reichsabgabenordnung gilt zunächst nur für Reichssteuern. Ihr Geltungsgebiet ist jedoch erweitert worden. Sie gilt für landesrechtliche Realsteuern, soweit diese von den Finanzämtern verwaltet werden. Den Finanzämtern obliegt die Feststellung und Zerlegung der Besteuerungsgrundlagen bei der Grundsteuer und folglich, da die Hauszinssteuer in dem Mehrfachen der Grundsteuer erhoben wird, auch der Hauszinssteuer; darum handelte es sich aber hier nicht. Sonstige Verwaltungsgeschäfte können auf Antrag der Landesregierung den Finanzämtern durch den Reichsfinanzminister übertragen werden; eine solche Übertragung hatte aber nicht stattgefunden. Die Vorschriften der Reichsabgabenordnung über das gerichtliche Verfahren in Steuerstrafsachen gelten für alle öffentlich-rechtlichen Abgaben, also auch für die Hauszinssteuer; daraus ergibt sich aber, daß die Vorschriften des sachlichen Strafrechts nicht auf alle öffentlich-rechtlichen Abgaben ausgedehnt sind. Nach dem Finanzausgleichgesetz sind die Länder berechtigt, für Landesabgaben die Vorschriften der Reichsabgabenordnung über das Strafrecht für anwendbar zu erklären; eine solche Anordnung war aber in Preußen nicht ergangen. Der Verurteilung des Angeklagten aus § 396 RAbgO. fehlte also die gesetzliche

Grundlage. Die Anwendung des § 266 StGB. hatte das Landgericht abgelehnt, weil dem Angeklagten keine Befugnis eingeräumt war, über das Vermögen der Stadt zu verfügen; es hätte aber geprüft werden sollen, ob nicht der Angeklagte die ihm kraft des Anstellungsvertrages obliegende Pflicht, die Vermögensinteressen der Stadt wahrzunehmen, verletzt und der Stadt dadurch Schaden zugefügt hatte. (V, 27. Mai 1935.)

Amtl. Sammlg. S. 220—223.

Vgl. Bd. 38 S. 366; Bd. 60 S. 97; Bd. 63 S. 139.

69. **Grundschuld. Sicherungsabtretung. Vollmacht. Untreue.** (StGB. § 266; BGB. §§ 662, 892, 894, 1140, 1157, 1169, 1273, 1274.) Ein Getreidehändler gewährte Landwirten Darlehen und ließ sich dafür von ihnen Wechsel geben, die er bei der Bank diskontierte. Zum Teil ließ er sich auch zur Sicherung seiner Forderungen Grundschulden bestellen oder abtreten und verpfändete diese ohne Wissen der Schuldner für seine eigenen Verbindlichkeiten bei der Bank. Er wurde wegen gewinnsüchtiger Untreue verurteilt. Das Reichsgericht verwies die Sache zurück. Das Landgericht hatte angenommen, daß die Grundschulden Vermögensstücke der Landwirte waren, weil sie einen zum Zwecke der Kreditbeschaffung beweglich gemachten Teil des Wertes ihrer Grundstücke darstellten. Das ließ sich nicht halten. Der Angeklagte war, wenn ihm auch die Grundschulden nur zum Zweck der Sicherung bestellt oder abgetreten worden waren, Gläubiger der Grundschulden geworden. Die Schuldner hatten nur einen durch die vollständige Tilgung der zu sichernden Forderungen aufschiebend bedingten schuldrechtlichen Anspruch darauf, daß ihnen die Grundschulden zurückübertragen oder daß auf sie verzichtet wurde. Für die Frage, in welcher Art und in welchem Umfang die zur Sicherheit bewilligten oder abgetretenen Grundschulden verwendet werden durften, kam es entscheidend auf die Abmachungen an, die der Sicherheitsbestellung zugrunde lagen. Der Begründung des Urteils war zu entnehmen, daß sie nach Eintritt der Fälligkeit der gesicherten Forderungen zu deren Befriedigung verwendet werden durften, daß aber nicht anderweit über sie verfügt werden sollte. Daraus, daß die Rechte nur zur Sicherheit bestellt oder abgetreten worden waren, ergab

sich weiter, daß aus ihnen keine Befriedigung gesucht werden durfte, solange die Schuldner noch aus den Wechseln in Anspruch genommen werden konnten. Die Sicherungsabtretung begründete ein Treuverhältnis, das den Gläubiger verpflichtete, neben seinen eigenen Belangen auch jene der Schuldner wahrzunehmen, also die Grundschulden so gut wie möglich zu verwerten. Demnach war auch die Auffassung nicht zu beanstanden, daß der Angeklagte Bevollmächtigter der Landwirte geworden war. Deren Anspruch auf Herausgabe des Übererlöses stellte sich als ein Vermögensstück dar, an dem Untreue begangen werden konnte. Hatte der Angeklagte ihnen diesen Anspruch absichtlich entzogen oder gefährdet, so hatte er sich der Untreue schuldig gemacht. Das Landgericht hatte eine Untreue schon darin gefunden, daß der Angeklagte die Grundschulden für seine eigenen Schulden an seine Bank verpfändete. Das war jedenfalls insofern nicht richtig, als die Forderungen des Angeklagten fällig waren, er also das Recht hatte, sich aus den Grundschulden zu befriedigen, und die Grundschulden den Wert der Forderungen des Angeklagten nicht überstiegen, so daß also den früheren Gläubigern der Grundschulden kein Anspruch auf einen Übererlös zustand. Während des Bestehens der persönlichen Forderungen durfte der Angeklagte die Grundschulden nur als Sicherungsmittel für diese Forderungen verwenden, sie nicht von ihnen trennen und für eigene Schulden verpfänden; wenigstens mußte er das Bestehen des Sicherungsverhältnisses ausdrücklich mitteilen. Das Landgericht hatte nicht geprüft, ob die treuhänderische Verpflichtung des Angeklagten aus dem Grundbuch oder den Grundschuldbriefen ersichtlich oder sonst der Bank bei der Verpfändung bekannt war. Wäre das der Fall gewesen, so hätte die Bank die Verfügungsbeschränkung gegen sich gelten lassen müssen. Auch in diesem Fall wären aber die Grundstückseigentümer in ihrem Vermögen unmittelbar gefährdet gewesen. Für sie war bereits ein Nachteil dadurch entstanden, daß sie in einem Rechtsstreit mit der der Form nach berechtigten Bank die Beweislast dafür hatten, daß sich diese nicht in gutem Glauben befand. (II, 17. Juni 1935.)

Amtl. Sammlg. S. 223—228.

Vgl. Bd. 14 S. 401; Bd. 16 S. 1, 11, 77; Bd. 39 S. 184;

Bd. 62 S. 58; Bd. 63 S. 251; Bd. 64 S. 86; Bd. 67 S. 273; RGZ. Bd. 59 S. 190; Bd. 76 S. 345; Bd. 95 S. 244; Bd. 116 S. 330; Bd. 135 S. 357; JW. 1912 S. 135; 1914 S. 76; 1934 S. 685.

70. Urkundenfälschung. Gebrauchmachen. Abschrift. Lichtbild. (StGB. § 269.) Zum Zwecke der Herbeiführung eines Wiederaufnahmeverfahrens legte der Angeklagte Lichtbilder von Urkunden vor, die er fälschlich angefertigt hatte. Darin war unbedenklich ein Gebrauchmachen zu finden. Das wäre allerdings nicht der Fall gewesen, wenn die Lichtbilder nur die Bedeutung von Abschriften gehabt hätten. Das Vorlegen der Abschrift einer Urkunde kann nur unter besonderen Umständen als ein Gebrauchmachen von der Urkunde angesehen werden, so wenn kraft gesetzlicher Vorschrift die Abschrift an die Stelle der Urschrift tritt. Die Bedeutung der Urschrift kann eine Abschrift auch dann haben, wenn sie als die Urschrift ausgegeben oder unter Umständen verwandt wird, die den Anschein erwecken sollen, als sei sie von dem Aussteller oder wenigstens mit seiner Zustimmung dazu hergestellt, im Rechtsleben als Ersatz der Urschrift zu dienen. Ein solcher Ausnahmefall lag hier nicht vor. In dem Vorlegen der Lichtbilder als solcher war darum ein Gebrauchmachen von fälschlich angefertigten Urkunden nicht zu finden; wohl aber gelangte man zu diesem Ergebnis auf anderem Wege. Zum Gebrauchmachen gehört, daß die falsche Urkunde dem Täuschenden zugänglich gemacht, daß ihm ermöglicht wird, sie sinnlich wahrzunehmen. Der Besichtigung steht dabei gleich, daß durch das Gehör oder den Tastsinn von dem Inhalt der Urkunde Kenntnis genommen wird. Denkbar ist auch, daß die Urkunde als vergrößertes Spiegelbild oder durch Projektion auf eine Leinwand vorgeführt wird. Nicht wesentlich anders liegt die Sache, wenn die Urschrift der falschen Urkunde in einem Lichtbild wiedergegeben wird, das nicht nur den örtlichen Inhalt, sondern das gesamte Bild der Urkunde mit all ihren Einzelheiten und Besonderheiten ersichtlich macht. Dann hat das Lichtbild nicht die Bedeutung einer Abschrift oder eines Doppelstücks der Urschrift; seine Anfertigung und Übermittlung ist vielmehr nur der Weg, auf dem der Täter die Urschrift selbst für den, den er täuschen will, sinnlich wahrnehmbar macht.

Da der Angeklagte im Rechtsleben täuschen wollte, handelte er in rechtswidriger Absicht; auch das Erschwerungsmerkmal der Gewinnsucht war gegeben. (III, 17. Juni 1935.) Amtl. Sammlg. S. 228—230.
Vgl. Bd. 8 S. 92; Bd. 15 S. 110; Bd. 16 S. 228; Bd. 18 S. 145; Bd. 59 S. 13; Bd. 64 S. 95; JW. 1924 S. 1678; 1931 S. 2248.

71. **NSDAP. Öffentlich-rechtliche Körperschaft. Sturmführer. Beamter.** (StGB. §§ 350, 359.) Ein Sturmführer der SA. hatte den Sturmbannführer zu vertreten; während dieser Zeit unterschlug er Gelder, die er als Spenden für SA.-Männer eingenommen hatte. Er wurde wegen Amtsunterschlagung verurteilt. Das Reichsgericht verwies die Sache zurück. Das Landgericht hatte angenommen, infolge des Gesetzes zur Sicherung der Einheit von Partei und Staat sei die NSDAP. die Trägerin des deutschen Staatsgedankens, ihre Tätigkeit diene der Verwirklichung staatlicher Zwecke, ein Parteimitglied, das mit der Erfüllung solcher Aufgaben betraut sei, handle grundsätzlich als Beauftragter des Staates und damit als Beamter. Dieser Auffassung trat das Reichsgericht nicht bei. Zum Begriff des Beamten im Sinne des § 359 StGB. gehört allerdings keine Begründung eines öffentlich-rechtlichen Dienstverhältnisses; es genügt, daß eine nach reichs- oder landesrechtlichen Vorschriften zuständige staatliche Stelle in allgemeiner Weise durch eine ausdrückliche oder stillschweigende öffentlich-rechtliche Willensäußerung den Täter zu Dienstverrichtungen öffentlich-rechtlicher Art berufen hat, die aus der Staatsgewalt abzuleiten sind und staatlichen Zwecken dienen. Daß es sich um die Übertragung der Ausübung von Rechten handelt, die ihrer Natur nach staatshoheitsrechtlich sind, oder um Obliegenheiten, die nur ein öffentlich-rechtlicher Beamter mit rechtlicher Wirksamkeit vornehmen kann, ist nicht wesentlich; auch ist es ohne ausschlaggebende Bedeutung, ob die Person, die in Frage kommt, gerade zum Staat in einem Dienstverhältnis steht; sie kann auch im Dienst einer öffentlich-rechtlichen Körperschaft sich befinden, die der Staatsverwaltung nicht unmittelbar eingegliedert ist, sondern nur mittelbar staatlichen Zwecken dient, sofern ihr nur von einer amtlichen Stelle amtliche, aus der Staatsgewalt abzuleitende Ob-

liegenheiten übertragen sind. Daran fehlte es hier. Die NSDAP. ist allerdings die Trägerin des deutschen Staatsgedankens und mit dem Staate unlöslich verbunden, aber sie ist nicht in dem neuen Staate aufgegangen, sondern besteht neben ihm weiter. Sie leitet ihre Tätigkeit nicht aus der Staatsgewalt ab; sie ist die treibende und bewegende Kraft des neuen Staates. Auch daraus, daß sie die Eigenschaft einer Körperschaft des öffentlichen Rechts erhalten hat, läßt sich nichts dafür herleiten, daß ihre Ämter die Eigenschaft mittelbarer Staatsämter hätten; dafür wäre nötig gewesen, daß den Dienststellen der Partei die Eigenschaft öffentlicher Behörden verliehen worden wäre. Sie ist auch keine gewöhnliche öffentlich-rechtliche Körperschaft. Der Staat hat ihr nicht Teile der Verwaltung übertragen; sie hat aus eigener Kraft den Staat mit dem nationalsozialistischen Geist erfüllt und nach den Grundsätzen umgestaltet, die in ihr selbst von Anfang an Geltung hatten. Ebensowenig wie die Aufgaben, die der Partei obliegen, sind die Dienstverrichtungen, die sie ihren Organen überträgt, ohne weiteres öffentlich-rechtlich aus der Staatsgewalt abzuleiten. Das gleiche gilt für die Gliederungen der Partei, zu denen auch die Sturmabteilungen gehören. Diese hatten ursprünglich den Zweck, die politische Arbeit der Bewegung zu schützen. Dazu ist im Laufe der weiteren Entwicklung ganz von selbst die Aufgabe getreten, diese Arbeit zu unterstützen und für den Gedanken zu werben. Jede dieser Aufgaben dient in hervorragendem Maße der Verwirklichung staatlicher Zwecke im neuen Staat; keine von ihnen ist aber aus der Staatsgewalt herzuleiten. Allerdings hat der III. Strafsenat (Urteil vom 18. Januar 1934) und der IV. Strafsenat (Urteil vom 25. Januar 1935) Bannführer der Hitlerjugend als Beamte im strafrechtlichen Sinne anerkannt. Einer Anrufung der vereinigten Strafsenate für die vorliegende Entscheidung bedurfte es aber nicht, weil die Beamteneigenschaft im strafrechtlichen Sinne für jeden einzelnen Fall besonders zu prüfen ist. Die Gesichtspunkte, die für einen Führer der Hitlerjugend gelten, können nicht ohne weiteres auf einen Führer der SA. übertragen werden; ihre Aufgaben liegen auf verschiedenen Gebieten. (II, 17. Juni 1935.)

Amtl. Sammlg. S. 231—240.

Vgl. Bd. 35 S. 325; Bd. 39 S. 232; Bd. 51 S. 65, 398; Bd. 54 S. 203; Bd. 58 S. 366; Bd. 60 S. 139; Bd. 62 S. 24, 188, 337; Bd. 68 S. 20.

72. **Winterhilfswerk. Untreue. Besonders schwerer Fall.** (StGB. § 266.) Ein Losverkäufer des Winterhilfswerks unterschlug ungefähr 120 *RM*. Das Landgericht verurteilte ihn wegen schwerer Untreue mit der Begründung, daß die unterschlagenen Gelder armen Volksgenossen hätten zugute kommen sollen, und daß sein Verhalten Gelegenheit gebe, die Sauberkeit des ganzen Winterhilfswerks zu bezweifeln. Das Reichsgericht erklärte, daß diese Begründung nicht ausreiche, um die Annahme eines besonders schweren Falles zu rechtfertigen. Hierfür genügt nicht, daß eine Einrichtung beeinträchtigt wird, die dem sachlichen Gemeinwohl zu dienen bestimmt ist; vielmehr ist immer auch darauf Gewicht zu legen, ob die veruntreute Summe im Verhältnis zu den Beträgen, die bei der Einrichtung nötig sind und aufgebracht werden, eine spürbare Einwirkung auf den mit ihr bezweckten Erfolg ausübt oder doch ausüben kann. Auch eine ideelle Schädigung des Volkswohls, die durch eine untreue Handlung, sei es allein, sei es neben einer sachlichen Schädigung, herbeigeführt wird, vermag einen besonders schweren Fall nur darzustellen, wenn die nachteiligen Folgen, die von ihr ausgehen, besonders ernster Natur sind. Die allgemeine Erwägung, daß die Verfehlung des Angeklagten Veranlassung zu Angriffen auf das Winterhilfswerk geben und dadurch auf die Gebefreudigkeit einen nachteiligen Einfluß üben könne, reicht nicht aus; es kommt vielmehr wesentlich auf den Grad an, in dem eine solche Wirkung sich gezeigt hat oder zu besorgen ist. Die Frage, ob ein besonders schwerer Fall vorliegt, läßt sich auch nicht beantworten, ohne daß die besondere Persönlichkeit des Täters und die Verhältnisse, die ihn zu einer Verfehlung veranlaßt haben, sorgfältig gewürdigt werden. Not oder Verführung können eine Tat, die an sich äußerst verwerflich erscheint, in ein wesentlich milderes Licht rücken; Leichtsinn, Mangel an Überlegung und Lebenserfahrung, wie sie besonders der Jugend häufig eignen, verlangen Beachtung und eine nachsichtige Beurteilung. (II, 17. Juni 1935.) Amtl. Sammlg. S. 240—242.

73. **Meineid. Öffentliche Sicherheit. Unterbringung.** (StGB. § 42 b.) Ein des Meineids angeklagter Mann wurde wegen Geisteskrankheit freigesprochen, aber seine Unterbringung in einer Heil- oder Pflegeanstalt angeordnet. In seiner Revision führte er aus, daß ein falscher Eid eines Geisteskranken keine Gefahr für die öffentliche Sicherheit bedeuten könne. Er hatte keinen Erfolg. § 42 b StGB. bestimmt nicht, daß die mit Strafe bedrohte Handlung, die das Gericht zur Anordnung der Unterbringung in einer Heil- oder Pflegeanstalt verpflichtet, derart sein müßte, daß sie selbst für die Allgemeinheit gefährlich erschiene oder wenigstens den gemeingefährlichen Charakter des Rechtsbrechers erkennen ließe; es muß nur ein Zusammenhang zwischen der Handlung und der Gefahr bestehen, die von dem Täter ausgeht. An einen solchen Zusammenhang dürfen aber keine zu strengen Anforderungen gestellt werden; es genügt, daß die mit Strafe bedrohte Handlung die Gefahr des Täters für die öffentliche Sicherheit auf irgendeine Weise erkennen läßt. Dafür kann auch eine Handlung ausreichen, die erst im Zusammenhalt mit dem sonstigen Verhalten des Täters die Gefahr erkennen läßt, die von ihm ausgeht. Diese Handlung kann auch anderer Art sein als jene, die von dem Täter seiner Veranlagung oder seiner Geistes- und Willensverfassung nach hauptsächlich zu erwarten sind; nur muß sie auf dieselbe Quelle zurückführen wie jene und Ausfluß der Gefährdung der öffentlichen Sicherheit sein, die aus dieser Quelle herrührt. Das Landgericht hatte dargelegt, daß der Angeklagte zu Gewalttätigkeiten neige, und hatte die Gewalttätigkeiten, die er schon begangen hatte, und den falschen Eid, wegen dessen er angeklagt war, auf dieselbe Ursache, nämlich auf seine krankhafte Geistesverfassung, zurückgeführt; es hatte angenommen, daß zu besorgen sei, er werde, wenn er nicht anderweit untergebracht werde, seine rechtwidrigen Handlungen, durch welche die öffentliche Sicherheit verletzt werde, fortsetzen. Damit war der Zusammenhang zwischen der strafbaren Handlung und der Gefahr, die von dem Angeklagten ausging, hinreichend dargetan. (V, 17. Juni 1935.) Amtl. Sammlg. S. 242—244.

74. **Nebenklage. Buße. Strafantrag.** (StPO. §§ 349, 359, 403; StGB. §§ 231, 232.) Ein Mann,

der wegen Meineids verurteilt worden war, erstattete gegen einen Zeugen Anzeige wegen Meineids. Das Verfahren wurde eröffnet, endete aber mit Freisprechung. Gegen das Urteil legte der Anzeiger Revision ein, indem er gleichzeitig beantragte, als Nebenkläger zugelassen zu werden. Den Antrag begründete er damit, daß er durch die Aussage des Angeklagten, die zu seiner Verurteilung geführt hatte, in seiner Gesundheit geschädigt worden sei. Den Antrag hatte er schon während des Verfahrens des ersten Rechtszugs gestellt; er war mit der Begründung zurückgewiesen worden, daß wegen der angeblichen Körperverletzung kein Strafantrag gestellt worden sei. Auch die Revision hatte keinen Erfolg. Zur Entscheidung über die Berechtigung des Antragstellers zum Anschluß als Nebenkläger war in der gegenwärtigen Lage des Verfahrens das Reichsgericht zuständig. Die Befugnis des Antragstellers zum Anschluß war eine Voraussetzung für die Zulassung der Revision und darum von Amts wegen zu prüfen. Eine Nebenklage ist nicht nur zulässig, wenn die Tat, die den Gegenstand der öffentlichen Klage bildet, unmittelbar und ausschließlich eine der Straftaten darstellt, wegen deren Nebenklage erhoben werden kann, sondern auch, wenn sie mit einer solchen Tat in Tateinheit oder in Gesetzeseinheit steht. Es braucht weder ein dringender noch ein hinreichender Verdacht dafür zu bestehen, daß eine zum Anschluß berechtigende Straftat vorliege; vielmehr ist der Anschluß schon zulässig, wenn nach der Sachlage oder auf Grund des tatsächlichen Vorbringens des Antragstellers auch nur die rechtliche Möglichkeit gegeben ist, daß je nach der Gestaltung des Verhandlungsergebnisses die Verurteilung des Angeklagten wegen einer Straftat in Frage kommt, bei der nach den gesetzlichen Bestimmungen eine Nebenklage statthaft wäre. Aus der Ausnahmenatur der Nebenklage und ihrem eigentlichen Ziel ergibt sich aber ein leitender Gesichtspunkt: es muß gefordert werden, daß der Anschluß gerade zum Zweck der Verfolgung des Angeklagten aus jenem rechtlichen Gesichtspunkt begehrt wird, der allein das Recht zum Anschluß ergibt; die Zulassung muß erkennbar zur Wahrnehmung der hierauf bezüglichen Verfolgungsinteressen des Antragstellers beansprucht werden. Daran fehlt es aber, wenn der Antragsteller nur darauf hinaus will, die Verurteilung des Angeklagten aus einem anderen rechtlichen Gesichtspunkt zu betreiben. So lag die Sache hier. Für die Verfolgung der angeblichen Körperverletzung fehlte es an dem erforderlichen Strafantrag. Der Revisionskläger hatte allerdings darauf hingewiesen, daß er berechtigt sei, eine Buße zu verlangen, und daß er schon darum zur Nebenklage zugelassen werden müsse. Eine Buße kann aber nur neben einer Strafe beansprucht werden, und für eine solche wäre eben ein Strafantrag Voraussetzung. In früheren Entscheidungen des Reichsgerichts ist allerdings ausgesprochen, daß die Berechtigung zur Buße nicht davon abhängig ist, daß derjenige, der den Anspruch erhebt, auch Strafantrag gestellt hat; dabei sind aber Fälle ins Auge gefaßt, in denen entweder ein Strafantrag überhaupt nicht erforderlich war oder von einer anderen Seite als von dem Verletzten gestellt wurde (vorgesetzte Behörde, Ehemann wegen Körperverletzung an der Frau). Eine allgemeine Entscheidung, daß für die Zulassung des Bußberechtigten zur Nebenklage ein Strafantrag nicht erforderlich sei, ist nicht ergangen. (IV, 25. Juli 1935.) Amtl. Samml. S. 244—249. Vgl. Bd. 35 S. 25; Bd. 41 S. 108; Bd. 43 S. 260; Bd. 48 S. 235; Bd. 59 S. 100; Bd. 65 S. 125; Bd. 66 S. 30, 393; JW. 1933 S. 1417.

75. **Aktiengesellschaft. Sachübernahme.** (HGB. §§ 186, 313; BGB. § 419). Eine im Jahre 1925 gegründete G. m. b. H. betrieb eine Bausparkasse. Im Jahre 1928 geriet sie in Zahlungsschwierigkeiten. Es wurde die Gründung einer Aktiengesellschaft mit einem Grundkapital von 50000 *RM* beschlossen. 26000 *RM* übernahm die Frau des bisherigen Geschäftsführers der G. m. b. H.; eine Zahlung leistete sie nicht. Über die Übernahme der Geschäfte der G. m. b. H. enthielt der Gründungsvertrag keine Bestimmung; sie wurde durch einen schriftlichen Vertrag geregelt. Von einer Übernahme des ganzen Vermögens wurde abgesehen, um nicht für alle Verbindlichkeiten haften zu müssen. Man begnügte sich damit, die Sparverträge, die gut erschienen, nebst Hypotheken einzeln und nacheinander mit den darauf ruhenden Verbindlichkeiten zu übernehmen. Auch von den beweglichen Vermögensgegenständen übernahm man den größten Teil. Die Vorstandsmitglieder der Aktiengesell-

schaft wurden wegen falscher Angaben über die Sachübernahme verurteilt, weil sie bewußt die Übernahme von Vermögensstücken der G. m. b. H. verschwiegen hätten, die nach Maßgabe der gesetzlichen Vorschriften in den Gesellschaftsvertrag hätten aufgenommen werden müssen. In ihrer Revision bestritten sie, daß vor der Gründung und Eintragung der Aktiengesellschaft bindende und rechtsgültige Vereinbarungen über die Übernahme von Vermögensstücken abgeschlossen worden seien; eine verschleierte Sachgründung hätte nur angenommen werden können, wenn nachgewiesen worden wäre, daß als Gegenleistung für die Übernahme des Vermögens der G. m. b. H. die unentgeltliche Gewährung der 26 000 *RM* Aktien an die Frau des Geschäftsführers der G. m. b. H. ausbedungen worden sei. Eine solche Feststellung war trotz bestehenden Verdachtes nicht getroffen worden. Gleichwohl hatte die Revision keinen Erfolg. Die Übernahme von Vermögenswerten bei der Gründung einer Aktiengesellschaft setzt keine formgerechten Verträge voraus; es genügt, daß Abreden über die Einbringung oder Übernahme von Gegenständen getroffen worden sind, die völlig oder teilweise die Grundlage des Betriebes bilden sollen. Besteht bei den Personen, die für die zu gründende Gesellschaft handeln, die feste Absicht und die sichere Aussicht, daß solche Gegenstände übernommen werden sollen und daß dafür ein erheblicher Teil des Grundkapitals hergegeben werden soll, so muß das schon im Gründungsvertrage niedergelegt werden, weil es zur Klarlegung der Vermögensverhältnisse der Aktiengesellschaft erforderlich ist. Das traf hier zu; die Aktiengesellschaft war ja gerade zur Übernahme von Vermögensstücken der G. m. b. H. gegründet worden. (IV, 28. Juni 1935.) Amtl. Sammlg. S. 249—253.
Vgl. RGZ. Bd. 121 S. 99.

76. **Öffentlichkeit. Sachverständiger.** (StPO. §§ 230, 247, 338.) Für die Dauer der Vernehmung eines Sachverständigen über die Ergebnisse des Fingerabdruckverfahrens wurde wegen Gefährdung der Staatssicherheit die Öffentlichkeit ausgeschlossen und auch der verhaftete Angeklagte aus dem Sitzungssaal entfernt. Die letztere Maßnahme führte zur Aufhebung des Urteils. Die frühere Auffassung, daß während der Vernehmung eines Sachverständigen die Entfernung des Angeklagten schlechthin

ausgeschlossen sei, hielt das Reichsgericht nicht mehr fest; es ist auch schon entschieden worden, daß es zulässig ist, einen Sachverständigen über den Gesundheitszustand des Angeklagten in seiner Abwesenheit zu vernehmen. Der Grundsatz, daß die Anwesenheit des Angeklagten in der Hauptverhandlung notwendig ist, ist nicht nur zur Sicherung einer ungehinderten und ausreichenden Verteidigung des Angeklagten aufgestellt worden; er soll vor allem einer erschöpfenden Wahrheitsermittlung dienen und läßt in besonderen Fällen Ausnahmen zu, die im Gesetz nicht ausdrücklich geregelt sind. Eine Beeinträchtigung der Verteidigungsmöglichkeit muß dann in Kauf genommen werden, wenn das höhere Interesse für eine ungetrübte Wahrheitsforschung überwiegt. Solche besondere Umstände lagen aber hier nicht vor. In manchen Strafsachen, besonders in Landesverrats- und Spionageprozessen, kann die Staatssicherheit es erfordern, bei der Erörterung von Staatsgeheimnissen, besonders eines Verfahrens zur Herstellung von Gegenständen, die der Landesverteidigung dienen, die Einzelheiten des Sachverständigengutachtens nicht zur Kenntnis des Angeklagten kommen zu lassen; selbst der Grundsatz der Wahrheitserforschung im Strafverfahren muß vielleicht hinter dem höheren Interesse der Staatssicherheit zurücktreten. Das Fingerabdruckverfahren ist aber infolge vielfacher Erörterung in der Öffentlichkeit allgemein bekannt. Es lag also kein Grund vor, den Angeklagten während der Vernehmung des Sachverständigen zu entfernen. (II, 4. Juli 1935.)

Amtl. Sammlg. S. 253—256.

Vgl. Bd. 49 S. 40; Bd. 58 S. 180; Bd. 60 S. 179; JW. 1935 S. 1861.

77. Sicherungsverwahrung. Ausschließung von Richtern. (StPO. § 23; GewVerbrG. Art. 5.) In der Verhandlung, in der nachträglich die Sicherungsverwahrung ausgesprochen wurde, wirkte ein Richter mit, der im früheren Verfahren als Staatsanwalt tätig gewesen war. Das war unzulässig. Allerdings war das frühere Urteil rechtskräftig geworden und hatte das Verfahren dadurch sein Ende erreicht. Aber die durch das Gewohnheitsverbrechergesetz geschaffene Möglichkeit, nachträglich die Sicherungsverwahrung anzuordnen, hatte die Rechtskraft des früheren Urteils rückwirkend wieder insoweit aufgehoben, als nun die Verhängung dieser Maßnahme möglich war. Das Verfahren über diese Maßnahme war also nur ein Ergänzungsverfahren und mußte als Teil des gesamten Verfahrens angesehen werden. (I, 18. Juni 1935.)

Amtl. Sammlg. S. 257.
Vgl. Bd. 68 S. 175.

78. **Devisenrecht. Ausländer. Irrtum. Urkundenfälschung. Gesetzeseinheit.** (DevVO. 1932 §§ 2, 14, 18, 31, 36, 36 a, 37; 8. DurchfVO. z. DevVO. Art. III § 10; RAbgO. §§ 163, 407; StGB. §§ 2, 59, 267, 268.) E. ersuchte H., Wertpapiere für ihn zu verkaufen. H. brachte die Wertpapiere zu B., der Schalterbeamter bei einer Bank war und den er näher kannte; dieser erwarb sie für die Bank und zahlte den Geldbetrag an H. aus. H. unterzeichnete die Quittung mit dem Namen P. Das Landgericht verneinte das Vorliegen einer Zuwiderhandlung gegen die Devisengesetze, weil E. nicht Ausländer im Sinne der Devisenverordnung vom Jahre 1932 gewesen sei. Das Landesfinanzamt hatte allerdings die Ausländereigenschaft von E. festgestellt; das Landgericht hatte sich aber hieran nicht für gebunden erachtet, weil den Devisenstellen das Recht, die Ausländereigenschaft mit bindender Wirkung für die Gerichte festzustellen, erst durch die 8. Ausführungsverordnung zur Devisenverordnung verliehen wurde, die Tat aber schon vorher begangen war. Hier handelte es sich aber um eine verfahrensrechtliche Vorschrift, die nach allgemeinen Rechtsgrundsätzen alsbald nach ihrem Inkrafttreten unbeschränkte Anwendung zu finden hatte. § 2 StGB. kam nicht in Anwendung, weil die sachlich-rechtlichen Gesetzesbestimmungen nicht geändert worden waren. Gegen die Angeklagten E. und H. kam auch die Anwendung des § 36 Abs. 4 DevVO. in Frage, da möglicherweise H. sich zu einer nach § 36 Abs. 1 Nr. 8 DevVO. strafbaren Handlung erboten oder E. den H. zu einer solchen Handlung aufgefordert oder angereizt hatte; es war dann aber weiter zu prüfen, ob diese Vergehen nicht durch die Begehung der Haupttat oder Anstiftung dazu aufgezehrt worden waren. Weiter war in Betracht zu ziehen, ob nicht H. einer Urkundenfälschung sich dadurch schuldig machte, daß er über den Kaufpreis mit einem falschen Namen quittierte und von dieser falschen Urkunde durch die Übergabe an die Bank zum Zwecke

der Täuschung Gebrauch machte, um den Anschein zu erwecken, als habe nicht er, sondern ein anderer die Papiere verkauft und den Erlös empfangen, all das zu dem Zweck, spätere Nachforschungen irre zu leiten. Daß der mit ihm bekannte Schalterbeamte B. nicht getäuscht wurde, war belanglos. Auf diesem Wege hatte H. vielleicht auch auf einen falschen Namen Buchungen vornehmen lassen (RAbgO. §§ 136, 407). Bei B. war die Frage der Beihilfe neu zu prüfen, ebenso die Frage einer Zuwiderhandlung gegen die §§ 31, 37 DevVO. Die in diesen Vorschriften angeführten Verpflichtungen obliegen nicht nur dem Geschäftsinhaber, sondern auch seinem Vertreter im Schalterdienst; dieser hat sich bei Anlieferung von Wertpapieren über die Person des Anlieferers zu vergewissern, kraft allgemeiner oder besonderer Anweisung des Geschäftsinhabers die vorgeschriebenen Anzeigen zu erstatten oder bei der Erstattung mitzuwirken. Irrtum über den Begriff des Ausländers trotz Kenntnis aller Umstände ist Unkenntnis des Strafgesetzes; § 59 StGB. ist nicht anwendbar. Jedoch bleibt straffrei, wer in unverschuldetem Irrtum über das Bestehen oder die Anwendbarkeit devisenrechtlicher Vorschriften die Tat für erlaubt gehalten hat. Wer aus Mangel an Sorgfalt, zu der er nach den Umständen verpflichtet und nach seinen persönlichen Verhältnissen fähig ist, die Tat für erlaubt gehalten hat, wird wegen Fahrlässigkeit bestraft. (V, 20. Juni 1935.)

Amtl. Sammlg. S. 257—262.

Vgl. Bd. 43 S. 206; Bd. 62 S. 112; Bd. 68 S. 136, 148.

79. Verminderte Zurechnungsfähigkeit. Unterbringung. Niederschlagung. (StGB. §§ 42b, 51; StrafFreihG. §§ 2, 7.) Ein Verfahren wurde auf Grund des Straffreiheitsgesetzes eingestellt, gegen den Angeklagten aber seine Unterbringung in einer Heil- oder Pflegeanstalt angeordnet. Das erklärte das Reichsgericht für unzulässig. Das Gesetz erklärt ausdrücklich, daß bei vermindert Zurechnungsfähigen die Unterbringung neben die Strafe tritt; sie darf also nur ausgesprochen werden, wenn sie zu Strafe verurteilt werden. Nur für Unzurechnungsfähige ist die Unterbringung als selbständige Sicherungsmaßnahme zugelassen (II, 27. Juni 1935.)

Amtl. Sammlg. S. 262—263.

80. Zeuge. Vereidigung. Begünstigung. Plenarentscheidung. Feriensenat. (StPO. §§ 60, 61; StGB. § 257.) Ein Zeuge war unvereidigt vernommen worden, weil er sich durch sein Zeugnis einer Begünstigung des Angeklagten verdächtig gemacht hatte. Das Reichsgericht erklärte das für falsch. Auch nach neuem Recht ist der Eid das wesentlichste Mittel, eine wahre Aussage zu erzwingen; es geht nicht an, von ihm abzusehen, wenn unter seinem Druck die Berichtigung einer offensichtlich unwahren Aussage zu erwarten ist. Das gilt gerade für den Fall, daß ein Zeuge versucht, durch unwahre Angaben den Angeklagten zu begünstigen. Nur wenn er schon bei einer früheren Vernehmung sich einer solchen Begünstigung schuldig gemacht hat, kann die Vereidigung unterbleiben, weil er durch eine wahre Aussage seine Straftat offenlegen müßte, sich also in einer Zwangslage befände. Der Feriensenat des Reichsgerichts hat allerdings eine andere Auffassung vertreten; der erkennende Senat war aber daran nicht gebunden, da von Entscheidungen des Feriensenats auch ohne Plenarentscheidung abgewichen werden kann. (IV, 9. Juli 1935.) Amtl. Sammlg. S. 263—265. Vgl. Bd. 11 S. 29; Bd. 58 S. 383; Bd. 60 S. 411; Bd. 68 S. 275, 321.

81. Notwehr. Militärischer Vorgesetzter. Nötigung. (StGB. § 53; MStGB. §§ 2, 49, 97, 98.) Ein Unteroffizier nahm in einem Tanzlokal der Braut eines Gefreiten heimlich ihre Handtasche weg, um sie dadurch zu zwingen, mit ihm wieder zusammenzutreffen. Der Gefreite und ein Freund von ihm ersuchten um Rückgabe der Tasche; als diese in spöttischer Weise verweigert wurde, schlug der Gefreite den Unteroffizier ins Gesicht, sein Freund auf den Arm. Sie wurden wegen tätlichen Angriffs auf einen Vorgesetzten verurteilt. Das Reichsgericht verwies die Sache zurück. Die allgemeinen Vorschriften des Strafgesetzbuchs, auch jene über Notwehr, sind zwar auf militärische Straftaten nur entsprechend anzuwenden, insoweit nämlich die besonderen Bedürfnisse der Wehrmacht und die Rücksicht auf die Erhaltung der Mannszucht damit vereinbar sind. Auszugehen ist aber davon, daß grundsätzlich auch den Untergebenen das Notwehrrecht, das natürliche Recht der Verteidigung des Rechts gegen einen Angriff des Unrechts, zusteht und daß die Beschränkungen Ausnahmen sind, die keine weitere Ausdehnung erlauben. Die Auffassung des Oberkriegsgerichts, daß ein Soldat einen Vorgesetzten im Notwehrfalle nur angreifen dürfe, wenn kein anderes Mittel vorhanden sei, um zu seinem Recht zu kommen, wurde vom Reichsgericht nicht gebilligt; ein solches Verhalten ist auch zulässig, wenn dem Soldaten die Anwendung eines anderen Mittels nach der ganzen Sachlage ohne Preisgabe berechtigter Interessen, namentlich auch mit Rücksicht auf seine militärische Ehre, trotz der Achtung vor der Stellung des Vorgesetzten nicht zuzumuten ist. Wenn der Soldat sich im Dienst befindet oder der Vorgesetzte ihm dienstlich gegenübertritt, verlangt die Mannszucht, daß er nur in besonderen Fällen zum Mittel der Gegenwehr greift, da im allgemeinen sein Recht zur Beschwerde ausreichen wird, um seinen berechtigten Interessen zu genügen. Dieser Fall kam hier nicht in Frage, da der ganze Vorfall sich außerdienstlich abspielte und dienstliche Interessen mit ihm nicht verflochten waren. Der Unteroffizier war den beiden Angeklagten gegenüber von Anfang bis zum Schluß im Unrecht; er hatte sich in unwürdigster Weise benommen und sein Ansehen als Vorgesetzter in erheblichem Maße beiseite gesetzt. Sein Verhalten war auch ein Angriff auf die Ehre der Braut des Gefreiten. Damit war auch dessen eigene Ehre berührt und bei ihrer Verteidigung mußte ein anderer Maßstab angelegt werden als bei einem Angriff auf geringwertige Rechtsgüter. Bei der Frage, ob der Angeklagte die Polizei hätte anrufen sollen, war zu berücksichtigen, ob nicht der Unteroffizier inzwischen mit der Handtasche hätte verschwinden können. Ein rechtswidriger Angriff auf Seite des Unteroffiziers konnte auch schon deshalb vorliegen, weil er durch Bedrohung mit Unterschlagung der Tasche das Mädchen zu einem Zusammentreffen mit ihm zu nötigen versuchte. Daß er die Verwirklichung der Drohung beabsichtigte, war nicht nötig; es genügte der Wille, in dem Bedrohten die Furcht zu erregen, daß die Drohung ernst gemeint sei. Falls in der neuen Verhandlung eine Überschreitung der Grenzen der Notwehr angenommen wurde, war zu beachten, daß diese nach § 49 MStGB. die Bestrafung nicht ausschließt, wenn der Täter die Grenzen aus Furcht vor persönlicher Gefahr überschritten hat. Daß Bestürzung

immer als solche Furcht anzusehen ist, wie das Oberkriegsgericht angenommen hatte, erkannte das Reichsgericht nicht an; ein Handeln in Bestürzung ist nur ein Handeln ohne Überlegung, in Verwirrung, das durch ein unvorhergesehenes Ereignis hervorgerufen worden ist, aber keineswegs auf Furcht vor persönlicher Gefahr zu beruhen oder mit ihr zusammenzufallen braucht. (IV, 9. Juli 1935.) Amtl. Sammlg. S. 265—270.
Vgl. Bd. 4 S. 10; Bd. 12 S. 198; Bd. 16 S. 69; Bd. 54 S. 196; Bd. 66 S. 244; RMG. Bd. 1 S. 134, 290; Bd. 2 S. 34, 173; Bd. 3 S. 84; Bd. 6 S. 253; Bd. 16 S. 6, 115; Bd. 18 S. 80.

82. **Fangbrief. Urkunde.** (StGB. §§ 348, 349, 350, 354.) Ein Postschaffner stand im Verdacht, Briefe unterschlagen zu haben. Um ihn zu erproben, stellte ein Aufsichtsbeamter einen Brief mit einer amerikanischen Marke und einem scheinbaren amerikanischen Poststempel her und ließ ihn dem Postschaffner zugehen. Dieser behielt ihn. Er wurde wegen Amtsunterschlagung in Tateinheit mit einem Verbrechen der amtlichen Urkundenunterdrückung verurteilt. Das Reichsgericht hob das Urteil auf. Das Landgericht hatte als unterdrückt und vernichtet die Urkunde angesehen, die durch die Verbindung des Briefes mit dem Poststempel entstanden war. Die Anschrift auf einem der Post zur Beförderung übergebenen und regelrecht abgestempelten Briefe ist allerdings eine Urkunde; aber im vorliegenden Falle war diese Urkunde nur scheinbar angefertigt worden und nicht dazu bestimmt, zu beweisen, daß die Post den Brief zur Beförderung an einen bestimmten Empfänger an einem bestimmten Ort in einem bestimmten Zeitpunkt übernommen habe. Der Fangbrief war also keine Urkunde, sondern nur ein in besonderer Weise gekennzeichneter Gegenstand in der äußeren Form einer Urkunde. Es konnte also höchstens ein Versuch der amtlichen Urkundenunterdrückung an einem untauglichen Gegenstand in Betracht kommen. (I, 23. Juli 1935.) Amtl. Sammlg. S. 271—272.
Vgl. Bd. 1 S. 61; Bd. 50 S. 214; Bd. 65 S. 145; JW. 1912 S. 433.

83. **Widernatürliche Unzucht. Onanie. Bindung an frühere Urteile. Plenarentscheidung.** (StGB. § 175;

GVG. § 136.) Nach der früheren Fassung des § 175 StGB. war die widernatürliche Unzucht zwischen Männern mit Strafe bedroht; die neue Fassung, die am 1. September 1935 in Kraft getreten ist, stellt jede Unzucht zwischen Männern unter Strafe. Unter widernatürlicher Unzucht waren nach der Rechtsprechung des Reichsgerichts nur beischlafähnliche Handlungen zu verstehen. Das Landgericht hatte angenommen, daß zur Erfüllung des Tatbestandes auch ausreiche, wenn ein Mann das Glied eines anderen Mannes in die Hand nimmt und daran reibt, bis Samenerguß erfolgt. Das Reichsgericht stellte fest, daß diese Entscheidung von seiner bisherigen Rechtsprechung abweiche, billigte sie aber gleichwohl mit Rücksicht auf die inzwischen erfolgte Änderung des Gesetzes. Die neue Bestimmung darf zwar nicht auf Handlungen angewendet werden, die vor dem 1. September 1935 begangen worden sind; der Wandel der Rechtsanschauung, der in ihr zum Ausdruck gekommen ist, rechtfertigt es aber, den Tatrichter von Bindungen zu lösen, die ihm die bisherige Rechtsprechung auferlegt hat. Es muß dem Tatrichter überlassen bleiben, zu entscheiden, worin er die Ähnlichkeit zwischen der Ausführung des natürlichen Beischlafs und der abzuurteilenden Tat finden und welche Vergleichsmöglichkeiten er heranziehen will. Das Ergebnis seines Ermessens ist als tatsächliche Feststellung der Nachprüfung des Revisionsgerichts entzogen. Eine Plenarentscheidung herbeizuführen hielt das Reichsgericht nicht für notwendig. Nach dem Gesetz zur Änderung des Strafgesetzbuchs vom 28. Juni 1935 sind vom 1. September 1935 an Plenarentscheidungen nicht mehr erforderlich, wenn ein Senat von einer Entscheidung eines anderen Senates abweichen will. Das Reichsgericht erklärte, es sei nicht anzunehmen, daß der Gesetzgeber die einzelnen Senate an die bisherige Rechtsprechung des Reichsgerichts in den wenigen Wochen bis zum Inkrafttreten dieses Gesetzes auch dann hätte binden wollen, wenn diese durch die nunmehrige Rechts- und Lebensanschauung überholt ist. Der Gesetzgeber hat die Anpassung an die neue Lebens- und Rechtsanschauung als eine Aufgabe des Reichsgerichts bezeichnet; es wäre damit unvereinbar, daß das Reichsgericht bis zum 31. August 1935 gehindert sein sollte, seine Rechtsprechung im Rahmen des geltenden Strafrechts der neuen Lebens- und Rechtsanschauung anzupassen. (V, 1. August **1935**.)

Amtl. Sammlg. S. 273—276.

Vgl. Bd. 1 S. 395; Bd. 6 S. 211; Bd. 23 S. 289; Bd. 34 S. 246; Bd. 64 S. 109.

84. **Branntweinmonopol. Zuckersteuer. Rechtsvermutung. Tateinheit.** (RAbgO. §§ 396, 418; BranntwMonG. §§ 119—122, 147; ZuckStG. § 14.) Wegen Branntweinaufschlaghinterziehung in Tateinheit mit Zuckersteuerhinterziehung wurde eine Strafe nach den Vorschriften des Branntweinmonopolgesetzes ausgesprochen. Das erklärte das Reichsgericht für unrichtig. Nach § 418 RAbgO. ist, wenn eine Handlung zugleich als Steuerzuwiderhandlung und nach einem anderen Gesetz strafbar ist, die Strafe aus dem Steuergesetz zu entnehmen, es sei denn, daß das andere Gesetz eine schwerere Strafe androht; im letzteren Falle ist eine Geldstrafe, die nach dem Steuergesetz verwirkt ist, gesondert zu verhängen. Das Branntweinmonopolgesetz ist kein Steuergesetz, wohl aber das Zuckersteuergesetz. Da § 396 RAbgO. für die Zuckersteuerhinterziehung Gefängnisstrafe bis zu zwei Jahren neben Geldstrafe in unbeschränkter Höhe androht, § 121 BranntwMonG. dagegen nur Gefängnisstrafe bis zu 1 Jahr und Geldstrafe in Höhe des vierfachen der hinterzogenen Abgabe, so war die Strafe aus § 396 RAbgO. zu entnehmen. Zu dem gleichen Ergebnis führte die Anwendung des § 147 BranntwMonG. Zunächst war eine Geldstrafe in mindestens der vierfachen Höhe der hinterzogenen Zuckersteuer auszusprechen; daneben konnte auf Gefängnis bis zu 2 Jahren erkannt werden. Die nach dem Branntweinmonopolgesetz verwirkte Geldstrafe war gesondert zu verhängen. Die Höhe der hinterzogenen Zuckersteuer hätte also festgestellt werden müssen; das war nicht geschehen. Nach § 122 BranntwMonG. wird gesetzlich vermutet, daß Zucker zu Branntwein verarbeitet worden ist, nicht aber, daß dieser Zucker unversteuert gewesen ist. Die Rechtsvermutung des § 14 ZuckStG. bleibt gemäß § 396 RAbgO. unberührt; sie ersetzt aber nicht den Nachweis, daß unbefugt Zucker verwendet worden ist, der unter Steueraufsicht stand. Die Schuldfrage darf allerdings nicht zwiespältig entschieden werden; die Feststellung, daß auf Grund ge-

setzlicher Vermutung 7 Doppelzentner Zucker unangemeldet zu Branntwein verarbeitet, aber nur für 1 Doppelzentner nachweisbar die Zuckersteuer hinterzogen worden sei, wäre aber nicht zwiespältig gewesen (V, 8. August 1935.) Amtl. Sammlg. S. 276—278. Vgl. Bd. 26 S. 128; Bd. 38 S. 26; Bd. 55 S. 56; Bd. 60 S. 191; Bd. 68 S. 8.

85. **Untreue. Wahrnehmung fremder Vermögensinteressen. Winterhilfswerk.** (StGB. § 266.) Bei einer Sammlung für das Winterhilfswerk nahm ein Mann, der die gesammelten Gegenstände auf einem Handkarren zur Verteilungsstelle zu bringen hatte, verschiedene Sachen an sich. Er wurde wegen Untreue verurteilt. Das Reichsgericht verwies die Sache zurück. Von Wahrnehmung fremder Vermögensinteressen konnte bei der durchaus untergeordneten Handlangertätigkeit des Angeklagten keine Rede sein; hierfür sind Vorgänge von einem gewissen Gewicht, einer gewissen Bedeutung notwendig. Anhaltspunkte hiefür lassen sich finden in dem Grad der Selbständigkeit, der Bewegungsfreiheit und der Verantwortlichkeit des Verpflichteten oder auch in der Dauer, dem Umfang und der Art seiner Tätigkeit. Rein mechanische Tätigkeiten erfüllen, wenigstens für die Regel, den Tatbestand der Untreue nicht. (I, 13. August 1935.) Amtl. Sammlg. S. 279—281.

86. **Fleischwaren. Schwarzschlachtung. Gesundheitsschädlichkeit.** (LMG. §§ 3, 12.) Fleisch von Tieren, die schwarz geschlachtet worden waren, wurde verkauft. Die Verurteilung wegen Übertretung des Fleischbeschaugesetzes war zur Zeit der Entdeckung der Handlung schon verjährt. Die Verurteilung wegen Vergehen gegen das Lebensmittelgesetz wurde nicht aufrecht erhalten. Hierfür wäre die Feststellung nötig gewesen, daß durch den Genuß des Fleisches Gesundheitsschädigungen auftraten oder doch hätten auftreten können. Der Nachweis, daß Vorschriften zum Schutz der menschlichen Gesundheit verletzt worden waren, reichte für die Verurteilung nicht aus. Somit war nur eine Verurteilung wegen Hinterziehung der Schlachtsteuer möglich. (III, 22. August 1935.)

Amtl. Sammlg. S. 281—283.
Vgl. JW. 1933 S. 2594.

87. **Betrug. Verschweigen.** (StGB. § 263; LMG. § 4.) Fett, das aus einer Abdeckerei gekauft worden war, wurde an eine Fabrik verkauft, die Speisefette herstellte. Vor Zahlung des Kaufpreises wurde der Sachverhalt entdeckt und der Kauf rückgängig gemacht. Die Verurteilung wegen versuchtem Betrugs in Tateinheit mit einem Vergehen gegen das Lebensmittelgesetz erklärte das Reichsgericht für nicht genügend begründet. Da das Fett für die Zwecke, für die es gekauft worden war, nicht verwendet werden konnte, war eine versuchte Schädigung des Käufers nachgewiesen; ob der Preis unangemessen hoch war, machte daneben nichts aus. Zweifelhaft war aber, ob eine Täuschung vorgenommen war. Das Landgericht hatte eine solche in dem Verschweigen der Herkunft des Fettes gefunden. Ein Unterlassen steht aber einem Handeln nur gleich, wenn eine Rechtspflicht zum Handeln bestand. Eine solche ergab sich im vorliegenden Falle schon daraus, daß der Käufer, wie der Angeklagte wußte, das Fett für Speisezwecke verarbeiten wollte. Nach Treu und Glauben bestand hier eine Rechtspflicht der Aufklärung, jedenfalls unter gewöhnlichen Umständen. Zweifelhaft konnte nur sein, ob die Rechtspflicht auch unter den besonderen Umständen des Falles zu bejahen war und ob sich der Angeklagte ihrer bewußt war. Daß er einen sehr hohen Zwischenverdienst erzielen wollte, reichte für den Nachweis nicht aus. Gegen die Annahme, daß es sich um verdorbene Lebensmittel handelte, bestand kein Bedenken; die Fortschritte der modernen Chemie änderten hieran nichts. Aber auch hier war ungewiß, ob sich der Angeklagte dessen bewußt war. (III, 29. August 1935.)

Amtl. Sammlg. S. 283—285.

Vgl. Bd. 5 S. 202; Bd. 18 S. 137; Bd. 23 S. 409; Bd. 66 S. 56.

88. **Mittelbare Täterschaft. Betrug.** (StGB. § 263.) Der Geschäftsführer einer Zwecksparkasse teilte einem Vertreter des Unternehmens mit, er könne der Kundschaft sagen, daß die Auszahlung innerhalb von 2 Monaten erfolgen werde. Dieser schloß auf Grund einer solchen Erklärung einen Sparvertrag ab. Die Mitteilung war falsch. Der Geschäftsführer wurde wegen Betrugs verurteilt. Das Reichsgericht sprach ihn frei. Die Verurteilung ließ sich nur rechtfertigen, wenn der Angeklagte die

Einzelheiten des Vertragsabschlusses kannte. Auch der mittelbare Täter, mag er durch einen gutgläubigen oder bösgläubigen Mittler handeln, muß die Tat nach allen für den Tatbestand wesentlichen Merkmalen innerlich erfassen; er muß wenigstens eine Vorstellung von den besonderen Umständen haben, die der Tat im gegebenen Falle ihr strafrechtlich bedeutsames Gepräge geben. Da die Kasse an sich ihren Sparern genügende Sicherheit bot, konnte eine Schädigung durch eine Täuschung über den mutmaßlichen Zeitpunkt der Auszahlung des Darlehens nur dann angenommen werden, wenn der Sparer an einem Darlehen, das ihm zu anderer Zeit gewährt wurde, kein oder doch ein wesentlich geringeres Interesse hatte, der Sparvertrag also für ihn unwirtschaftlich war. Die Täuschung hätte also nur dann als Betrug bestraft werden können, wenn der Angeklagte diese Sachlage erkannt hätte. Dafür lag kein Anhaltspunkt vor. (III., 29. August 1935.) Amtl. Sammlg. S. 285—287.

89. Totgeburt. Leichnam. (StGB. § 367.) Ein totgeborenes Kind wurde beiseite geschafft. Der Verurteilung wegen Beseitigung eines Leichnams wurde entgegengehalten, daß als Leichnam nur anerkannt werden könne, was einmal gelebt habe. Die Revision hatte keinen Erfolg. Allerdings ist zu verlangen, daß das totgeborene Kind soweit entwickelt war, daß es an sich außerhalb des Mutterleibes hätte leben können. Das war nachgewiesen. (III, 6. September 1935.) Amtl. Sammlg. S. 287—289.

90. Meuterei. Gewalttätigkeit. Mittäterschaft. (StGB. §§ 47, 122.) K. und F. befanden sich in Untersuchungshaft in derselben Zelle. Sie vereinbarten, miteinander auszubrechen. F. sollte sich krank stellen und den Aufseher herbeirufen; wenn dieser sich über ihn beugen würde, sollte er ihn festhalten, K. aber ihn durch Schläge betäuben. Die Ausführung mißlang, weil F. den Aufseher nicht festhielt und ein anderer Gefangener dem Aufseher zu Hilfe kam. Beide wurden wegen Meuterei verurteilt; zugunsten von F. wurde angenommen, daß er sich an der Gewalttätigkeit gegen den Aufseher nicht beteiligt habe. Die Revision des Staatsanwalts hatte keinen Erfolg. Wortlaut und Entstehungsgeschichte der Vorschrift beweisen deutlich, daß nur die Mittäter der Meuterei schärfer bestraft werden sollen, die selbst

Gewalttätigkeiten gegen die Anstaltsbeamten verübt haben. Daran wurde auch durch den Umstand nichts geändert, daß F. durch seine angebliche Krankheit die von K. verübte Gewalttätigkeit erst möglich gemacht und diese Tat als eigene gewollt hatte. Es bedeutet einen Unterschied im Grad der Beteiligung, ob sich ein Gefangener zwar zur Teilnahme an einer Meuterei entschließt, aber von vornherein erklärt, daß er selbst keine Gewalttätigkeiten verüben werde, oder ob er solche Gewalttätigkeiten zwar zusagt, aber seine Zusage nicht hält, endlich ob er nur durch sein ganzes Verhalten zur Ermöglichung der Gewalttätigkeiten wenigstens beiträgt. Ein begrifflicher Unterschied ist nicht vorhanden; in allen drei Fällen will der Mittäter die Gewalttätigkeit des anderen Mittäters als eigene Tat. Trotzdem hat aber der Gesetzgeber nur den Täter härter treffen wollen, der selbst Gewalttätigkeiten verübt hat. Ob der Anstifter zu Gewalttätigkeiten der schärferen Strafe unterläge, brauchte im gegebenen Falle nicht untersucht zu werden. (IV, 1. Juli 1935.) Amtl. Sammlg. S. 289—298.

91. **Amtsunterschlagung. Vorlegung unrichtiger Belege. Mittelbare Täterschaft.** (StGB. § 351.) Ein Stadtsekretär war wiederholt mit der Vertretung der Stadt in Zwangsversteigerungsverfahren beauftragt. In mehreren Fällen, in denen die Stadt das Grundstück selbst erwarb, ließ er sich mehr Geld anweisen, als er für die Zahlung der Gerichtskosten brauchte, und gab in den Akten die Gerichtskosten höher an, als sie in Wirklichkeit waren; den Mehrbetrag behielt er für sich. In anderen Fällen, in denen die Forderungen der Stadt voll zum Zug gekommen waren, vermerkte er, daß gewisse Gebühren ausgefallen seien, und behielt diese Beträge. Die Akten mit den unrichtigen Vermerken legte er dem zuständigen Sachbearbeiter des Magistrats zur weiteren Behandlung vor mit dem Entwurf eines an das Grundstückamt der Stadt gerichteten Schreibens, das den falschen Vermerken entsprach. Er wurde wegen fortgesetzter Unterschlagung im Amt mit der Erschwerung verurteilt, daß er unrichtige Belege zu den zur Kontrolle der Einnahmen und Ausgaben bestimmten Büchern vorgelegt habe. Seine Revision hatte Erfolg. Der Tatbestand der Unterschlagung war einwandfrei nachgewiesen; dagegen fand das Reichsgericht die Begründung

der Erschwerung nicht bedenkenfrei. Die Vermerke, die der Angeklagte in die Akten aufgenommen hatte, konnten zwar Belege sein, weil es sich in ihnen um rechnerisch wichtige schriftliche Erklärungen handelte; sie waren auch unrichtig, weil sie mit dem wirklichen Sachverhalt nicht übereinstimmten. Unerheblich war, daß die Berichte nicht für die eigene Buchführung des Angeklagten, sondern für andere Beamte zum Ausweis für deren Buchführung dienen sollten. Die unrichtigen Belege waren aber nicht zu den zur Kontrolle der Einnahmen und Ausgaben bestimmten Rechnungen, Registern oder Büchern vorgelegt worden, sondern nur dem zuständigen Sachbearbeiter unterbreitet worden, der mit der Führung der Bücher nichts zu tun hatte; erst dessen Verfügungen wurden den Eintragungen zugrunde gelegt. Die Vorlage kann allerdings auch in mittelbarer Täterschaft erfolgen; das trifft zu, wenn der Beamte vorsätzlich veranlaßt, daß die Vorlegung durch andere Beamte ausgeführt wird, die von der Unrichtigkeit der Belege nichts wissen. Das wäre anzunehmen gewesen, wenn der Angeklagte gewollt hätte, daß für die endgültigen kassenmäßigen Eintragungen seiner Amtstätigkeiten unrichtige Belege vorhanden sein sollten, die seine Unterschlagungen verdeckten, wenn er dann weiter zu diesem Zweck unrichtige Vermerke in der Erwartung gemacht hätte, die Unrichtigkeit werde bei ordnungsmäßigem Geschäftsgang nicht entdeckt werden, vielmehr werde der Sachbearbeiter entweder selbst einen unrichtigen Beleg herstellen oder vorlegen oder Verfügungen treffen, die in der fortlaufenden Kette des ordnungsmäßigen Geschäftsgangs zur Vorlegung unrichtiger Belege führen würden. Das ließ sich nicht mit Sicherheit sagen; insbesondere konnte nicht beurteilt werden, ob die Akten des Grundstückamtes, in denen der unrichtige Teil des Höchstgebotes in den ersten Fällen eingetragen wurde, und die Grundsteuerakten, in denen die Absetzung der unterschlagenen Gebühren verfügt wurde, Bücher waren, aus denen das Rechnungswesen der Stadt hervorging. (VI, 22. Juli 1935.) Amtl. Sammlg. S. 298—303.
Vgl. Bd. 60 S. 65; Bd. 63 S. 313; Bd. 64 S. 425; Bd. 67 S. 195.

92. **Verschaffung von Abtreibungsmitteln. Versuch.** (StGB. §§ 43, 218.) In dem Vertrieb einer Frauendusche,

die als Abtreibungswerkzeug geeignet war, wurde ein Versuch der gewerbsmäßigen Verschaffung von Abtreibungsmitteln erblickt, weil die Käuferinnen die Dusche, die ihnen zur Abtreibung der Frucht empfohlen worden war, nur zu Spülungen benutzt hatten. Das Reichsgericht entschied, daß ein vollendetes Verbrechen vorliege. Es gehört nicht zum Tatbestand des Verschaffens von Abtreibungsmitteln, daß die Schwangere in dem Zeitpunkt, in dem ihr das Mittel verschafft wird, den Willen hat, sich ihre Frucht abzutreiben; vielmehr genügt, daß sie weiß, ein Abtreibungsmittel zu erhalten, und daß der Täter in der Erwartung handelt, es werde die Abtreibung vorgenommen werden. Ob sie wirklich vorgenommen wird, ist belanglos; ebenso ist nicht notwendig, daß die Schwangere selbst die Anregung zur Verschaffung des Mittels gegeben hat. Nur wenn der Täter schon vor dem Verschaffen weiß, daß die Schwangere das Mittel nicht zur Abtreibung gebrauchen will, fehlt der Vorsatz, ihr das Mittel zur Abtreibung zu verschaffen. (VI, 29. Juli 1935.)

Amtl. Sammlg. S. 303—305.

Vgl. Bd. 68 S. 13; Bd. 69 S. 86.

93. **Münzverbrechen. Vorbereitung.** (StGB. § 151.) In einer Druckerei wurden im Lichtdruckverfahren Platten zur Anfertigung falscher Banknoten hergestellt. Sie fielen nicht so aus, daß damit die Herstellung der Noten ohne Nachfärbung möglich war; der Zweck der Herstellung war auch nur gewesen, die Leistungsfähigkeit der Druckerei zu erproben, ob ihr die Herstellung der falschen Noten übertragen werden könne. Die Verurteilung wurde vom Reichsgericht bestätigt. Durch § 151 StGB. werden wegen der besonderen Gefährlichkeit der Falschmünzerei Handlungen, welche eine solche vorbereiten sollen, unter Strafe gestellt. Der Tatbestand ist schon erfüllt, wenn das Ziel des Tuns im ganzen die Begehung eines Münzverbrechens ist, auch wenn die zunächst herzustellenden Platten noch nicht zur wirklichen Begehung des Verbrechens dienen sollen. Das Erzeugnis der vorbereitenden Handlung muß allerdings geeignet sein, damit ein Münzverbrechen zu begehen, sei es auch vielleicht nur ein solches von bescheidenem Umfang gegenüber dem geplanten Verbrechen. Das wäre beispielsweise nicht der Fall, wenn die Platten größer wären als die herzustellenden Banknoten.

Wenn die Platten nicht vollkommen ausfallen, hindert das nicht, sie als dienlich zum Zweck eines Münzverbrechens anzusehen. (I, 18. Juli 1935.)

Amtl. Sammlg. S. 305—308.

Vgl. Bd. 55 S. 283.

94. Fahrlässige Tötung. Selbsthilfe. Festnahme. Mitverschulden. Irrtum. (BGB. §§ 229, 230, 231, 254; StPO. § 127; StGB. § 59.) An einer Omnibushaltestelle wurde ein Mann, der eben den Omnibus besteigen wollte, von einem Radfahrer angefahren, aber nicht verletzt. Als er den Omnibus bestiegen hatte, merkte er, daß ihm beim Zusammenstoß sein Uhrglas zerbrochen war. Er stieg an der nächsten Haltestelle aus, stellte sich dem Radfahrer in den Weg und winkte, um ihn zum Halten zu veranlassen. Als der Radfahrer darauf nicht achtete, griff er nach der Lenkstange. Der Radfahrer fiel vom Rad und verletzte sich so schwer, daß er starb. Das Landgericht sprach von der Anklage fahrlässiger Tötung frei, weil der Angeklagte in berechtigter Selbsthilfe gehandelt habe. Das Reichsgericht verwies die Sache zurück. Es stand von vorneherein nicht fest, ob der Angeklagte gegenüber dem Radfahrer einen Schadenersatzanspruch hatte. Auch wenn das Uhrglas durch den Zusammenstoß zerbrochen war, bestand die Möglichkeit, daß der Angeklagte den Zusammenstoß selbst verschuldet oder doch mitverschuldet hatte. Auch durfte die Geringfügigkeit des Schadens für die Frage der Berechtigung zur Selbsthilfe nicht unbeachtet bleiben. Der Gedanke der Güter- und Pflichtenabwägung hat von je auf dem Gebiete des mit der Selbsthilfe verwandten Notstandes eine große Rolle gespielt und in der neuen Rechtsprechung wachsende Bedeutung gewonnen. Auch das Gesetz zur Verhütung mißbräuchlicher Ausnutzung von Vollstreckungsmöglichkeiten verleiht dem Gedanken Ausdruck, daß das formale Recht nicht durchgesetzt werden darf, wenn die Durchsetzung dem gesunden Volksempfinden widerspricht. Aber auch wenn man einen Ersatzanspruch und das Recht der Selbsthilfe als gegeben annahm, waren gegen das Urteil Bedenken zu erheben. Das Landgericht hatte nicht festgestellt, ob der Radfahrer den Ersatzanspruch des Angeklagten kannte und sich ihm durch die Flucht entziehen wollte, ob also die Voraussetzungen für eine Festnahme vorlagen. Das Recht der Festnahme umfaßt weiter nur die Befugnis zur Freiheitsberaubung und Nötigung sowie zu Handlungen, die damit notwendig verbunden sind, aber nicht die Befugnis zur vorsätzlichen oder fahrlässigen Tötung. Wenn § 230 BGB. sagt, die Selbsthilfe dürfe nicht weiter ausgedehnt werden, als zur Abwendung der Gefahr erforderlich sei, so darf daraus nicht gefolgert werden, daß der Fliehende auch getötet werden darf, wenn die Flucht nicht anders verhindert werden kann. Dieser Grundsatz gilt allgemein, besonders aber, wenn der Anspruch dessen, der die Selbsthilfe ausübt, nur einen ganz geringen Wert hat. Die mit der Festnahme verbundene Rechtsgutverletzung oder die Gefährdung des Flüchtigen muß zu dem mit der Festnahme zu erreichenden Zweck in angemessenem Verhältnis stehen. Es kann nicht die Absicht des Gesetzgebers sein, daß jeder, auch noch so geringfügige bürgerlich-rechtliche Anspruch mit allen Mitteln, auch mit Tötung des Verpflichteten, durchgeführt werden darf. Wenn § 228 BGB. schon für ein Vorgehen gegenüber Sachen eine Abwägung zwischen der drohenden Gefahr und dem zuzufügenden Schaden verlangt, so wird man das um so mehr verlangen müssen, wenn sich die Schadenzufügung gegen eine Person richtet. Wenn der Angeklagte hierüber im Irrtum war, stand das einer Bestrafung wegen fahrlässiger Tötung nur entgegen, wenn der Irrtum nicht selbst durch Fahrlässigkeit verschuldet war. Bedeutung kam dabei besonders der Frage zu, ob sich nicht der Angeklagte sagen mußte, daß er schon wegen der Geringfügigkeit des Anspruchs nicht berechtigt sein könne, den Radfahrer mitten im Fahren aufzuhalten und so in Lebensgefahr zu bringen. (II, 3. Oktober 1936.) Amtl. Sammlg. S. 308—313. Vgl. Bd. 8 S. 104; Bd. 19 S. 209; Bd. 25 S. 150; Bd. 34 S. 443; Bd. 61 S. 242; Bd. 62 S. 137; Bd. 64 S. 104.

95. **Notdiebstahl. Notbetrug.** (StGB. §§ 248 a, 264 a.) Eine Not im Sinne der Vorschriften über Notdiebstahl und Notbetrug liegt nicht schon dann vor, wenn der Täter keine Mittel mehr zur Fristung seines Lebens in Händen hat, sondern erst, wenn er sie sich auch nicht in redlicher Weise, besonders durch Arbeit, verschaffen kann. Die Tat muß auch aus Not geschehen sein; die Not muß den Anlaß dazu gegeben haben, daß sich der Täter zu der

Straftat entschlossen hat. Der Angeklagte hätte die Möglichkeit zu ehrlicher Erwerbstätigkeit gehabt, auch Barmittel in erheblichem Umfang besessen, es aber vorgezogen, sich das zu seinem Lebensunterhalt Erforderliche statt durch Arbeit, auf bequemere Weise durch strafbare Handlungen zu verschaffen. Den Entschluß dazu hatte er schon gefaßt, solange er noch Geld besaß; erst dann hatte er es durchgebracht. Nicht der Geldmangel, sondern der Hang zu bequemem Leben war die Triebfeder seines Handelns. (III, 12. September 1935.) Amtl. Sammlg. S. 313—314.

96. **Totschlag nach Reizung. Irrtum. Verminderte Zurechnungsfähigkeit. Strafzumessung.** (StGB. §§ 42 b, 51, 213.) Eine Frau fand in ihrem Mittagessen Grammophonnadeln. Sie glaubte, ihr Mann habe die Nadeln in das Essen getan, um sie ums Leben zu bringen. Eine Viertelstunde später tötete sie ihren Mann. Das Schwurgericht nahm an, daß sie vermindert zurechnungsfähig sei, verurteilte sie aber gleichwohl wegen Totschlag zu der Höchststrafe von 15 Jahren Zuchthaus. Die Strafermäßigung des § 213 StGB. wurde ihr nicht zugebilligt, weil sie zwar irrigerweise geglaubt habe, ihr Mann habe ihr die Nadeln in das Essen getan, an diesem Irrtum aber selbst schuld gewesen sei; auch sei sie nicht auf der Stelle zu ihrer Tat hingerissen worden. Das Reichsgericht verwies die Sache zurück. § 213 StGB. kommt auch dann zur Anwendung, wenn der Täter durch die irrtümliche Vorstellung, ohne eigene Schuld von dem Getöteten zur Tat gereizt worden zu sein, zu dieser hingerissen wird. Die Entscheidung darüber, ob das Gesetz eine bestimmte Strafminderung nur an das wirkliche Vorliegen des Sachverhalts, der sie begründet, oder auch an die irrige Vorstellung des Täters davon knüpft, läßt sich nicht allgemein, sondern nur für jeden Strafminderungsgrund besonders aus seinem Zweck heraus treffen. Für die Herausforderung des Täters beim Totschlag muß auch der irrige Glaube an ihr Vorliegen ausreichen, da hier der Gemütszustand bei der Tat maßgebend ist. Ob der Irrtum verschuldet oder unverschuldet ist, kann nichts ausmachen; dieser Umstand kann nur bei der Strafbemessung berücksichtigt werden. Es ist nicht notwendig, daß die Tat der Reizung sofort nachfolgt, sondern nur, daß eine ursächliche Verknüpfung zwischen der Reizung und der Tat be-

steht. Die Höchststrafe sieht das Gesetz nur für eine Tat vor, die in voller Verantwortung begangen wird; die verminderte Zurechnungsfähigkeit vermindert aber den Schuldgehalt und damit auch die Strafwürdigkeit der Tat. Auf die Höchststrafe kann bei verminderter Zurechnungsfähigkeit nur erkannt werden, wenn besondere Gründe dafür vorhanden sind, wenn etwa eine herabgesetzte Strafe nicht mehr wirksam genug wäre. Das Schwurgericht hatte auch rechtsirrigerweise unterlassen zu prüfen, ob nicht neben der Strafe die Unterbringung in einer Heil- oder Pflegeanstalt hätte angeordnet werden sollen. (III, 23. September 1935. Amtl. Sammlg. S. 314--318. Vgl. Bd. 43 S. 67; Bd. 59 S. 61; Bd. 67 S. 248; Bd. 68 S. 294; Bd. 69 S. 110; RMG. Bd. 4 S. 97; Bd. 9 S. 171; Bd. 14 S. 278; Bd. 21 S. 82; JW. 1930 S. 919.

97. **Straffreiheit. Bindung. Revision.** (StraffrG. vom 4. August 1934.) Das Kriegsgericht hatte angenommen, daß die Tat Ende Juli 1934 begangen worden sei, hatte aber die Anwendung des Straffreiheitsgesetzes vom 4. August 1934 abgelehnt, weil es eine Strafe von mehr als 6 Monaten angemessen erachtete. Das Oberkriegsgericht setzte die Strafe auf 4 Monate Gefängnis herab, stellte aber fest, daß die Tat am 4. August 1934 begangen worden sei, und verneinte deshalb die Anwendbarkeit des Straffreiheitsgesetzes. In der Revision wurde Beweis dafür angeboten, daß die Tat Ende Juli begangen worden sei. Das Reichsgericht erklärte, daß, wenn diese Behauptung zutraf, es an einer Voraussetzung für die Zulässigkeit des Verfahrens fehlte, und daß die Frage vom Revisionsgericht nach dem Akteninhalt und unter Benutzung aller sonst verfügbaren Quellen geprüft werden müsse. Insoweit hat das Revisionsgericht auch das Recht und die Pflicht selbständiger Prüfung und Ermittlung; soweit aber die tatsächlichen Feststellungen des angefochtenen Urteils die Tat selbst betreffen, die den Gegenstand des Urteils bildet, ist es daran gebunden. Der Zeitpunkt der Begehung der Tat bildet aber einen wesentlichen Bestandteil der Tat. Wenn sich aus den Feststellungen des Urteils Bedenken hinsichtlich der Tatzeit ergeben, so kann, wenn das für die Anwendung des Straffreiheitsgesetzes von Bedeutung ist, das Revisionsgericht darauf hinwirken, daß der Zeitpunkt genau festgestellt wird, und zu diesem Zweck

die Sache zurückverweisen. Ist aber im angefochtenen Urteil der Zeitpunkt der Tat eindeutig festgestellt, so kann das Revisionsgericht keine Beweise erheben, die sich gegen diese Feststellung richten. (IV, 1. Oktober 1935.)

Amtl. Sammlg. S. 318—320.

Vgl. Bd. 12 S. 434.

98. **Gemeinschaftspflicht. Nothilfe. Fahrlässige Tötung.** (StGB. §§ 222, 230 c; BGB. § 1617.) Nach dem Tode seiner Frau nahm ein Mann deren Schwester als Hilfskraft in seinen Haushalt und seine Familie auf. Als sie schwer erkrankte, gab er seiner 18jährigen Tochter den Auftrag, für sie zu sorgen, kümmerte sich aber nicht darum, ob das auch geschah. Das Mädchen brachte der Kranken wohl das Essen in ihr Zimmer, ließ es aber im übrigen an jeder Pflege fehlen, so daß die Kranke vollständig verwahrloste. Nach ihrem Tode wurde festgestellt, daß dieser sich zwar bei ihrem schweren Leiden nicht völlig abwenden, aber doch um mehrere Monate hätte verzögern lassen. Vater und Tochter wurden wegen fahrlässiger Tötung verurteilt. Ihre Revision blieb erfolglos. Für den Vater ergab sich eine Rechtspflicht, für sachgemäße Pflege der Kranken zu sorgen, schon daraus, daß er sie als Hilfskraft in seinen Haushalt aufgenommen und als Familienmitglied darin behalten hatte; darin lag ein stillschweigendes Übereinkommen, daß er im Falle einer Krankheit für sie sorgen werde. Da sie hilfsbedürftig im Sinne des Fürsorgerechtes war, hätte er sich an den zuständigen Fürsorgeverband wenden können; wenn dieser die Pflege übernommen hätte, wäre er der weiteren Sorge überhoben gewesen. Er hatte aber einen solchen Versuch gar nicht gemacht. Daß er zur Erfüllung seiner Pflicht imstande war und daß er als Folge der Unterlassung den früheren Tod der Kranken vorhersah, hatte das Langericht festgestellt. Die Tochter war ihrem Vater zu allen Dienstleistungen verpflichtet, welche die Führung des Hauswesens mit sich brachte. Dazu gehörte auch die Pflege einer erkrankten Hausgenossin. Ihr Vater hatte sie dazu auch ausdrücklich aufgefordert. Die Pflege ging auch nicht über das hinaus, was ihr nach ihren geistigen und körperlichen Kräften zugemutet werden konnte. Verlangen konnte diese Dienstleistungen allerdings nur ihr Vater, nicht auch die Kranke selbst; das änderte aber nichts an

ihrer strafrechtlichen Verantwortlichkeit, denn es besteht kein Rechtsgesetz, demzufolge die Versäumung einer Rechtspflicht zum Handeln die strafrechtliche Verantwortlichkeit für den hierdurch herbeigeführten Schaden nur dann zu begründen vermöchte, wenn die Pflicht zum Handeln gerade dem Geschädigten gegenüber bestanden hat. Unabhängig von der durch den Auftrag des Vaters begründeten Pflicht mußte aber die Tochter für die Kranke selbst dann nach Maßgabe ihrer Kraft und Fähigkeit sorgen, wenn sich ihr Vater um nichts kümmerte. Gegenseitig füreinander einzustehen ist ein Gebot der Sittlichkeit, das sich im weitesten Bereich aus der Pflicht zur christlichen Nächstenliebe ergibt und für einen engeren Kreis der Kameradschaft der Frontsoldaten und dem Nationalsozialismus entspringt, der innerhalb der Volksgemeinschaft Opferbereitschaft verlangt. Die sittliche Pflicht kann zur Rechtspflicht werden für Menschen, die der Außenwelt in so enger Lebensgemeinschaft verbunden gegenüberstehen, wie es in der Familie oder der häuslichen Gemeinschaft der Fall zu sein pflegt. Ob eine allgemein anerkannte Pflicht zu dem weiteren Kreis der sittlichen Wertung oder dem hierin eingeschlossenen engeren Gebiet der rechtlichen Anforderungen gehört, beantwortet sich nicht nur danach, welche Einzelvorschriften das Gesetz hierüber getroffen hat, sondern vornehmlich danach, auf welcher aus dem Willen der Gemeinschaft heraus entwickelten Vorstellung vom Recht seine Vorschriften aufgebaut sind. Daß dieser Wille der Gemeinschaft heute die gegenseitige Hilfeleistung innerhalb bestimmter Grenzen in das Gebiet des rechtlich Gebotenen einzuweisen bestrebt ist, ergibt sich aus der neuen Vorschrift des Strafrechts, wonach bei Unglücksfällen oder gemeiner Gefahr jeder Volksgenosse eine Pflicht der Hilfe hat. Diesem Willen der Gemeinschaft — dem gesunden Volksempfinden — kann auch schon für die Zeit vor dem Inkrafttreten jenes Gesetzes als Rechtsgrundsatz entnommen werden, daß Angehörige einer häuslichen Gemeinschaft auch ohne besondere gesetzliche Vorschrift oder vertragliche Bindung verpflichtet sein sollen, dem Genossen dieser Gemeinschaft Hilfe zu leisten, wenn er in Leibes- oder Lebensgefahr gerät, der er nicht aus eigener Kraft begegnen und zu deren Abwendung er auch nicht fremde Hilfe selbst herbeirufen kann. Die Pflicht beginnt zum mindesten da, wo die eigene Kraft des in Not geratenen und hilflos gewordenen Gemeinschaftsmitgliedes endet und Hilfe von dritter Seite ausbleibt oder versagt; sie findet ihre Grenze in dem, was sich durch die Umstände als unerläßlich erweist, und in dem, was der Verpflichtete ohne erhebliche eigene Gefahr und ohne Verletzung anderer wichtiger Pflichten zu tun in der Lage ist. Daß die Kranke die Beiziehung eines Arztes oder einer Pflegerin selbst nicht wünschte, rechtfertigte es angesichts ihrer schweren Krankheit nicht, von deren Beiziehung abzusehen, jedenfalls aber nicht, sie verwahrlosen zu lassen. (I, 10. September 1935.) Amtl. Sammlg. S. 321—325. Vgl. Bd. 36 S. 78; Bd. 66 S. 73; RGZ. Bd. 127 S. 18; JW. 1906 S. 59.

99. Große Strafkammer. Vorsitz. Vertretung. (GVG. § 66.) Durch einen Beschluß des Präsidiums des Landgerichts war bestimmt worden, daß den Vorsitz in der Strafkammer der Landgerichtsdirektor L. zu führen habe, daß im Falle seiner Verhinderung der Landgerichtsrat C. und im Falle dessen Behinderung der Landgerichtsrat N. einzutreten habe, und daß demgemäß Landgerichtsrat C. an den Freitagen, Landgerichtsrat N. an den Dienstagen den Vorsitz zu führen habe. Das Reichsgericht entschied, daß dieser Beschluß gegen keine gesetzliche Vorschrift verstieß. Die Befugnis des Präsidiums ist nicht darauf beschränkt, vor Beginn des Geschäftsjahres einen Vertreter des ordentlichen Vorsitzenden aus der Zahl der ständigen Mitglieder der Kammer zu bestimmen; es kann auch für den Fall der Verhinderung des ersten Vertreters einen zweiten Vertreter bestellen und kann auch im voraus bestimmen, in welchen Sitzungen der Vorsitzende, in welchen der erste Vertreter als regelmäßig verhindert zu erachten sein wird. (II, 26. September 1935.)
Amtl. Sammlg. S. 325—326.
Vgl. Bd. 62 S. 366.

100. Schutzhaft. Anrechnung. (StGB. § 60.) Ein Urteil, worin Schutzhaft auf die erkannte Gefängnisstrafe angerechnet war, wurde aufgehoben zu dem Zweck der Klarstellung, ob es sich bei der Schutzhaft um die Polizeihaft eines vorläufig Festgenommenen oder um eigentliche Schutzhaft handelte. Im ersten Falle war die Anrechnung auf die Gefängnisstrafe ohne weiteres zulässig, im zweiten Falle dann, wenn die Haft zur Sicherung der Strafverfolgung oder zur Untersuchung der Straftat angeordnet war. Unter Untersuchungshaft, die auf die Strafe angerechnet werden kann, ist jede behördliche Freiheitsentziehung zu verstehen, die der Strafverfolgung dient. (III, 30. September 1935.)

Amtl. Sammlg. S. 327.
Vgl. Bd. 38 S. 182.

101. Raub. Versuch. Freiwilliger Rücktritt. Vorbereitung. (StGB. §§ 43, 46, 251.) F. und K. vereinbarten miteinander, einem Kaufmann nach seiner Rückkehr vom Wochenmarkt das dort eingenommene Geld zu rauben. Sie zogen G., der über besondere Körperkraft verfügte, zur Hilfe bei; dieser verriet den Plan der Polizei, wurde aber von dieser aufgefordert, zum Schein mitzutun. G. und K. begaben sich gemeinsam in den Laden des Kaufmanns, während F. davor Spähe stand. Verabredungsgemäß sollte K. den Kaufmann mit einer Pistole (die allerdings nicht geladen war) bedrohen, G. sollte ihn niederschlagen und beide sollten dann das Geld an sich nehmen. Nach dem Eintritt in den Laden schloß K. die Ladentür ab, indem er den in dieser steckenden Schlüssel umdrehte. Beide verhandelten dann zum Schein mit dem Kaufmann über den Kauf einer Kiste Obst; dann sagte K. zu G.: „Es hat keinen Zweck; komm mit!", und wandte sich dem Ausgang zu. In diesem Augenblick traten zwei Polizeibeamte, die sich im Laden versteckt gehalten hatten, hervor und verhafteten K. Das Landgericht sprach F. und K. frei, weil der Tatbestand nur straflose Vorbereitungshandlungen enthalte. Das Reichsgericht verwies die Sache zurück. Wenn auch die Abgrenzung der Vorbereitungshandlungen vom Anfang der Ausführung wesentlich auf dem Gebiete der tatsächlichen Feststellungen liegt, bildet es doch eine Rechtsfrage, ob das, was verwirklicht worden ist, schon zu einer Tatbestandshandlung gehört und schon eine Gefährdung des durch die Tat zu verletzenden Rechtsgutes bedeutet. Das Landgericht hatte prüfen müssen, ob nicht die verschiedenen, dem Zweck des Raubes dienenden Handlungen für die natürliche Auffassung vermöge notwendiger Zugehörigkeit zu einer Tatbestandshandlung schon einen Teil des Tatbestandes bildeten, ob sie in ihrer Gesamtheit einen derartigen unmittelbaren Angriff auf das geschützte Rechtsgut darstellten, daß es dadurch schon gefährdet wurde. Da der Raub einen aus mehreren Handlungen zusammengesetzten Tatbestand enthält, ist mit der Ausführung des Verbrechens schon begonnen, sobald eine Handlung vorgenommen wird, die zur unmittelbaren Verwirklichung auch nur eines dieser Tatbestandsmerkmale gehört. Die Wegnahmehandlung ist dem Tatbestand des Raubes gemeinsam mit jenem des Diebstahls. Der Begriff darf nicht wörtlich ausgelegt werden. Das Gesetz will den Gewahrsam schützen; sobald mit dem Bruch des Gewahrsams begonnen wird, liegt Versuch vor. Begonnen ist damit schon, wenn ein wesentliches Zurückdrängen, ein Beeinträchtigen des Gewahrsams stattgefunden hat, wenn der Gewahrsam gefährdet worden ist. Eine solche Gefährdung lag hier vor. Dem Gewahrsamsinhaber standen zwei ihm an Kraft überlegene Männer gegenüber, von denen der eine eine Waffe hatte, die sich zur Einschüchterung, unter Umständen auch zu einem Angriff eignete; durch Verschließen der Tür war er verhindert worden, Hilfe herbeizurufen. Hiernach war die Herrschaft des Kaufmanns über das in seinem Besitz befindliche Geld schon erheblich beeinträchtigt und ernstlich gefährdet; mit dem Bruch des Gewahrsams war also schon begonnen. Zur Gewaltanwendung gegen eine Person gehört, daß der Täter durch Anwendung von Körperkraft einen vorhandenen Widerstand brechen oder einen erwarteten Widerstand von vorneherein unmöglich machen will; als Widerstandsüberwindung reicht auch eine nur mittelbar gegen die Person gerichtete Einwirkung aus, die von ihr körperlich empfunden wird. Auch schon das Einschließen kann eine Gewaltanwendung sein. Das Landgericht hatte angenommen, daß K. die Tür nur verschlossen habe, um anderen Personen den Zutritt von außen zu verwehren; es konnte ihm aber auch darauf ankommen, Hilferufe zu verhindern und damit eine Widerstandsleistung gegen die Wegnahme abzuwenden. Auch eine Drohung konnte in dem Verschließen der Tür gefunden werden, selbst wenn der Kaufmann es nicht wahrgenommen hatte. Es hätte geprüft werden sollen, ob K. den Kaufmann zur Aufgabe jedes Widerstandes dadurch zu bringen suchte, daß er ihn auf die Abschließung von der Außenwelt hinwies. Bei einer solchen Sachlage konnte das Abschließen der Tür schon ein unmittelbar der Ausführung der Bedrohung dienendes Handeln und damit ein notwendiger Bestandteil der Drohungshandlung selbst sein. Wenn hiernach das Landgericht zu der Annahme kam, daß K. mit der Ausführung des Raubes begonnen hatte, war weiter zu prüfen, ob er freiwillig von dem Versuch zurückgetreten war. (IV, 1. Oktober 1935.)

Amtl. Sammlg. S. 327—331.
Vgl. Bd. 27 S. 405; Bd. 45 S. 152; Bd. 51 S. 341; Bd. 54 S. 254; Bd. 59 S. 386; Bd. 67 S. 183.

102. Notzucht. Versuch. Todesfolge. Straferhöhender Umstand. (StGB. §§ 43, 176, 177, 178.) Der Versuch einer Notzucht hatte den Tod der angegriffenen Frau zur Folge. Mit Recht war der Täter wegen eines Versuches der schweren Notzucht mit Todesfolge verurteilt worden. Wenn das Gesetz eine Tatsache als straferhöhenden Umstand bezeichnet, ist davon auszugehen, daß dies auch für die versuchte Tat gilt. Ist insbesondere bei einem Notzuchtversuch durch die angewendete Gewalt der Tod der betroffenen Person verursacht worden, so ist es bedeutungslos, ob der Täter sein Ziel erreicht hat oder nicht. Jede andere Auslegung wäre unverständlich und unbefriedigend. (III, 10. Oktober 1935.)

Amtl. Sammlg. S. 332—333.

103. Tateinheit. Amtsunterschlagung. Untreue. Besonders schwerer Fall. Gesetzeseinheit. Sondergesetz. (StGB. §§ 73, 266, 350, 351.) Ein auf Privatdienstvertrag angestellter Gemeindekassier unterschlug Steuerbeträge, die teils der Gemeinde, teils dem Staat gehörten, und führte zur Verdeckung seines Verhaltens die Steuerbücher nicht ordnungsmäßig. Er wurde wegen schwerer Untreue in Tateinheit mit schwerer Amtsunterschlagung verurteilt. Seine Revision, die darauf gestützt war, daß wegen Untreue nicht hätte verurteilt werden dürfen, hatte keinen Erfolg. Schon nach früherem Recht hatte das Reichsgericht erklärt, daß sich ein Vollmachtsverhältnis auch aus einer Anstellung als Beamter ergeben könne, sofern diese nur die Befugnis zu rechtsgeschäftlicher Vertretung in bezug auf fremdes Vermögen in sich schließe. Die neue Fassung der Vorschrift über Untreue sieht ausdrücklich vor, daß die Befugnis, über fremdes Vermögen zu verfügen, auch auf behördlichem Auftrag beruhen kann. Ein behördlicher Auftrag ist auch anzunehmen, wenn die Ausübung der fraglichen Geschäfte zu den Befugnissen und Pflichten eines übertragenen Amtes gehört. Der Angeklagte hatte sich darauf berufen, daß die §§ 350, 356 St.-GB. als Sondergesetz die Anwendung des § 266 StGB. ausschlössen. Diese Vorschriften enthalten aber nur den Unterschlagungstatbestand, nicht den Untreuetatbestand. Das allgemeine Treuverhältnis, das den Beamten bindet, ist ein anderes als das Treuverhältnis, das sich aus der Befugnis ergibt, über fremdes Vermögen zu verfügen. Die gegenteilige Annahme würde zu dem unhaltbaren Ergebnis führen, daß ein Beamter, der zum Nachteil des Staates Steuern nicht eingehoben hätte, schwerer bestraft werden müßte als ein anderer, der sie unterschlagen hätte. § 266 StGB. schlägt allerdings Zuchthausstrafe nur für besonders schwere Fälle vor; die Strafe muß aber bei Tateinheit dem Gesetz entnommen werden, das allgemein die höchste Strafe androht. Für die Strafbemessung war also § 266 StGB. maßgebend, auch wenn kein besonders schwerer Fall vorlag. Ein solcher ist nicht schon dann anzunehmen, wenn der Tatbestand des § 31 StGB. erfüllt ist. (II, 10. Oktober 1935.)

Amtl. Sammlg. S. 333—341.

Vgl. Bd. 15 S. 41; Bd. 24 S. 109; Bd. 37 S. 25; Bd. 39 S. 385; Bd. 47 S. 45; Bd. 52 S. 163; Bd. 56 S. 101; Bd. 58 S. 240; Bd. 59 S. 214; Bd. 60 S. 111, 230, 311; Bd. 61 S. 1, 288; Bd. 62 S. 174; Bd. 64 S. 43; Bd. 65 S. 277, 401; Bd. 68 S. 371, 385; Bd. 69 S. 49, 164; JW. 1931 S. 3559; 1933 S. 1956, 2659; 1934 S. 428; 1935 S. 530, 2137.

104. Ernste Bibelforscher. Vereinsrecht. Religionsgesellschaft. Religiöser Verein. Glaubensfreiheit. (RVerf. Art. 124, 137; RprVO. vom 28. Februar 1933 §§ 1, 4.) In Baden wurde die Internationale Vereinigung ernster Bibelforscher verboten. Mehrere Mitglieder trafen sich trotz des Verbotes noch wiederholt; bei dieser Gelegenheit wurden auch Beiträge gesammelt. Ihre Verurteilung wegen Verstoß gegen die Verordnung des Reichspräsidenten vom 28. Februar 1933 wurde vom Reichsgericht bestätigt. Die Verordnung bezeichnet in ihren Eingangsworten als ihren Zweck die Abwehr kommunistischer, staatsgefährdender Gewaltakte. Das angefochtene Urteil hatte angenommen, daß die Verordnung zu allen Maßnahmen berechtige, die zur Wiederherstellung der öffentlichen Sicherheit und Ordnung nötig seien. Eine solche schrankenlose Ausdehnung, die über den von der Verordnung selbst angegebenen Zweck völlig hinwegsah, erklärte das Reichsgericht für bedenklich. Allerdings bedarf es, wenn eine Anordnung diesem Zwecke dienen soll, nicht des Nachweises, daß die Gefährdung des Staatsbestandes schon in unmittelbare Nähe gerückt oder gar der Staatsbestand schon erschüttert wäre. Es liegt in der Natur der Staatsgewalt, daß sie vor einem Angreifen nicht erst den Eintritt des Unheils abzuwarten hat, sondern berechtigt ist, ihm vorzubeugen. Wo also Einrichtungen, Handlungen, Bestrebungen von einer Art auftreten, daß damit, sei es auch nicht bewußt, staatsgefährdenden kommunistischen Gewaltakten die Wege bereitet werden, sind Vorbeugungs- oder Abwehrmaßnahmen zulässig; es genügt, daß die Behörde nach ihrer pflichtmäßigen Beurteilung der Lage eine solche Gefahr für gegeben hält. Daß für eine solche Annahme Gründe vorlagen, hatte das Landgericht festgestellt. Wenn die Vereinigung ein religiöser Verein war, wurde sie durch das Vereinsrecht nicht gegen das Verbot geschützt, weil Art. 124 RVerf. durch die Verordnung außer Kraft gesetzt ist. In der Revision war ausgeführt, daß die Vereinigung als Religionsgesellschaft anzusehen sei, da sie das religiöse Leben ihrer Mitglieder als einer Gesamtheit und alle Anhänger ihres Glaubensbekenntnisses innerhalb eines bestimmten räumlichen Gebietes erfassen wolle, während der religiöse Verein nur einzelne religiöse Zwecke verfolge; Religionsgesellschaften könnten aber nicht verboten werden, weil Art. 137 RVerf. nicht aufgehoben sei. Die Frage, ob Art. 137 RVerf. im nationalsozialistischen Staat überhaupt noch in Geltung sei, wurde vom Reichsgericht bejaht; dafür spricht insbesondere, daß Punkt 24 des Programms der NSDAP. gerade die Freiheit aller religiösen Bekenntnisse im Staat verlangt. Bei richtiger Auslegung bildet aber Art. 137 RVerf. kein Hindernis, einer Religionsgesellschaft das Bestehen und die Betätigung dann zu verbieten, wenn sie mit der Ordnung des Staatswesens unvereinbar sind. Für den im Art. 135 RVerf. aufgestellten Grundsatz der Glaubens- und Gewissensfreiheit gilt die Einschränkung, daß die allgemeinen Staatsgesetze hiervon nicht berührt werden. Eine solche ausdrückliche Einschränkung ist im Art. 137 für die dort gewährleistete Freiheit der Vereinigung von Religionsgesellschaften nicht enthalten; gleichwohl muß diese Vorschrift mit jener Einschränkung verstanden werden. Es wäre unmöglich anzunehmen, daß die Freiheit, sich zu vereinigen, auch dann gewährleistet sein sollte, wenn eine sich bildende Religionsgesellschaft in offenkundiger Weise das Ziel verfolgte, den Bestand des Staates zu vernichten oder auch nur zu schwächen, oder wenn eine schon bestehende Religionsgesellschaft anfinge, sich so zu betätigen. Wenn schon die Religionsausübung des einzelnen dahin beschränkt ist, daß sie nicht gegen die allgemeinen Staatsgesetze verstoßen darf, so muß das erst recht für die kräftigere Art der Betätigung gelten, die in dem Zusammenschluß zu einer Religionsgesellschaft liegt. Wieweit Religionsgesellschaften, die Körperschaften des öffentlichen Rechtes sind, einen besonderen, weitergehenden Schutz genießen, brauchte nicht erörtert zu werden. Jene Voraussetzung dafür, daß der etwa sonst verfassungsmäßig gewährte Schutz hier versagte, hatte die oberste Landesbehörde bei der Erlassung des Verbotes als gegeben angenommen, und das Gericht hatte nicht nachzuprüfen, ob die Unterlagen hierfür tatsächlich gegeben waren. Zwar würde nicht schon eine bloße Störung oder Gefährdung der öffentlichen Sicherheit und Ordnung das Verbot gerechtfertigt haben; aus dem Urteil ergab sich aber, daß die Betätigung der ernsten Bibelforscher auf eine Erschütterung des Staatsbestandes abzielte. In der Revision war weiter ausgeführt, daß eine Unterstützung der aufgehobenen Vereinigung begrifflich nicht möglich gewesen sei, da sie ja nicht mehr bestanden habe. Eine amtliche Auflösung bewirkt aber nicht mit Sicherheit, daß die Vereinigung zum Erliegen kommt; es ist durchaus möglich, daß die früheren Mitglieder wenigstens zum Teil für die verbotene Sache weiterarbeiten, insbesondere in der Weise, daß sie zu einer Betätigung zusammenkommen, die in ihrem Wesen der verbotenen gleichsteht oder nahekommt. Zu einer verbotenen Betätigung gehört mehr als eine Bekundung des Zusammengehörigkeitsgefühls, durch das die Beteiligten verbunden gewesen waren; so können

Reden genügen, die eine Ermunterung für kommende bessere Zeiten enthalten, oder Einsammeln von Beiträgen, schon vermöge der darin liegenden seelischen Einwirkung auf die damit angegangenen Personen. (I, 24. September 1935.) Amtl. Sammlg. S. 341—348.

Vgl. Bd. 57 S. 141; JW. 1934 S. 767.

105. SA.-Befehlsgewalt. Beihilfe durch Unterlassung. Kraftwagenverkehr. Führerflucht. (EinhG. vom 1. Dezember 1933 § 4; KraftfahrzG. § 22; StGB. § 49.) Der stellvertretende Adjutant eines SA.-Standartenführers machte während dessen vorübergehender Abwesenheit eine Dienstfahrt mit dem Kraftwagen der Standarte. Der Wagenführer der Standarte lenkte den Wagen; er fuhr hierbei einen Mann an und verletzte ihn schwer. Beide erkannten das; trotzdem fuhr der Wagenführer davon, ohne daß der Adjutant ihn hinderte. Der Wagenführer wurde wegen fahrlässiger Körperverletzung und Führerflucht, der Adjutant wegen Beihilfe zur Führerflucht verurteilt. Seine Revision hatte keinen Erfolg. In einem Unterlassen kann eine Hilfeleistung durch Tat gefunden werden, wenn es gegen eine Rechtspflicht zum Handeln verstößt. Eine solche Rechtspflicht lag dem Angeklagten, wenn nicht schon als Mitfahrer, so jedenfalls als Vorgesetzten des Kraftwagenführers ob. Nach dem Gesetz zur Sicherung der Einheit von Partei und Staat gilt als Pflichtverletzung jede Handlung oder Unterlassung, die das Ansehen der Partei angreift oder gefährdet. Hiernach hatte der Angeklagte als Vorgesetzter den Führer, der auf der Dienstfahrt durch nachlässige Wagenführung einen Menschen verletzt hatte, zur Erfüllung der Pflichten anzuhalten, die sich aus dem Kraftfahrgesetz ergaben. (VI, 9. Oktober 1935.) Amtl. Sammlg. S. 349—350.

Vgl. Bd. 11 S. 154; JW. 1925 S. 623.

106. Kraftwagenverkehr. Straßenverkehrsordnung. (KraftFahrzG. §§ 23, 24; StrVerkO. vom 28. Mai 1934.) Die Staatsanwaltschaft legte gegen ein Urteil Revision ein mit der Begründung, daß die §§ 23, 24 KraftFahrzG. durch die §§ 2, 14, 36 StrVerkO. außer Kraft gesetzt seien. Das Reichsgericht trat dieser Auffassung nicht bei. Die Straßenverkehrsordnung ist auf Grund der §§ 6, 27 KraftFahrzG. und auf Grund des Gesetzes über den Neuaufbau des Reiches erlassen; sie stellt also einerseits eine Ausführungsverordnung zum Kraftfahrzeuggesetz dar und regelt anderseits zugleich den allgemeinen Straßenverkehr. Die Ermächtigung zum Erlaß von Ausführungsvorschriften schließt nicht die Befugnis zur Aufhebung oder Änderung des Ermächtigungsgesetzes selbst in sich. Die Straßenverkehrsordnung hebt zwar fast das ganze bisherige Kraftfahrzeugrecht auf, läßt aber das Kraftfahrzeuggesetz selbst unberührt. Sie regelt auch nur den ordnungsmäßigen Straßenverkehr; wer aber ein Kraftfahrzeug führt, ohne daß es zugelassen ist und ohne daß er einen Führerschein besitzt, nimmt nicht am ordnungsmäßigen Verkehr teil und verdient nicht den Schutz und die Förderung, welche die Straßenverkehrsordnung dem Verkehr zukommen lassen will. Wenn auch die Vorschriften über die Zulassung der Kraftfahrzeuge und über den Führerschein in der Straßenverkehrsordnung enthalten sind, ist die Benutzung eines Kraftfahrzeugs ohne den Besitz dieses Scheines doch nach dem durch die §§ 23, 24 KraftFahrzG. geschaffenen Sonderrecht zu bestrafen; dagegen würde das bloße Nichtmitsichführen der Scheine nach den §§ 4, 16, 36 StrVerkO. zu beurteilen sein. (II, 10. Oktober 1935.) Amtl. Sammlg. S. 350—354.

107. Betrug. Vermögensbeschädigung. Täuschung beim Vertragsschluß. (StGB. § 263.) Beim Verkauf von Arzneimitteln ließ sich der Verkäufer den Kaufpreis sofort zahlen und sicherte die Erfüllung binnen 5—8 Tagen zu. Er war sich bewußt, daß er diese Frist nicht einhalten könne. Das Landgericht verurteilte wegen Betrugs. Das Reichsgericht verwies die Sache zurück. Eine Vermögensbeschädigung hatte das Landgericht darin gefunden, daß die Käufer die Ware nicht, wie sonst bei Käufen üblich, Zug um Zug gegen Zahlung des Kaufpreises erhielten, und daß sie, wenn sie nicht bar gezahlt hätten, bis zur Erfüllung über das Geld hätten verfügen können. Das reichte nicht aus, um die Annahme einer Vermögensbeschädigung zu rechtfertigen. Grundsätzlich ist der Wert, den das Vermögen des Getäuschten unmittelbar vor der durch die Täuschung verursachten Vermögensverfügung hatte, mit dem Werte zu vergleichen, den es unmittelbar nach und infolge dieser Verfügung hat. Durch den Kauf hatten die Käufer den Anspruch auf Lieferung der Ware innerhalb der angegebenen Frist erworben; es kam also darauf an, ob dieser Anspruch einen vollen Ersatz für das weggegebene Geld bildete. Das wäre der Fall gewesen, wenn der Angeklagte rechtzeitig geliefert hätte. Daß der Erfüllungsanspruch dem weggegebenen Geld deshalb nicht gleichwertig war, weil in Wirklichkeit erst später geliefert wurde, konnte nach den bisherigen Feststellungen nicht entschieden werden. Aus der Tatsache, daß die Käufer nicht im voraus gezahlt haben würden, wenn sie gewußt hätten, daß sie die Ware erst später, als zugesichert, erhalten würden, ergab sich noch nicht, daß sie durch die verspätete Lieferung einen Vermögensschaden erlitten. Das Landgericht hätte nach den besonderen Verhältnissen der Käufer darlegen müssen, inwiefern für jeden einzelnen bei der Weggabe des Geldes der Lieferungsanspruch gerade dadurch an Wert verlor, daß die Lieferung erst für eine spätere Zeit zu erwarten war. Das wäre z. B. der Fall gewesen, wenn ein Käufer das Arzneimittel dringend nötig hatte, so daß eine spätere Lieferung für ihn wertlos war. In Betracht kam weiter, ob zur Zeit der Weggabe des Geldes eine gewinnbringende Verwertung oder doch eine zinstragende Anlegung möglich gewesen wäre. Endlich war auch sorgfältig zu prüfen, ob der Angeklagte sich einer Vermögensbeschädigung bewußt war und welche Vorstellung er über den Zeitraum hatte, binnen dessen er zu liefern können hoffte. (VI, 16. Oktober 1935.) Amtl. Sammlg. S. 354—357.

Vgl. Bd. 16 S. 3; Bd. 42 S. 183.

108. Urkundenfälschung. Öffentliche Urkunde. Winterhilfe. Rechtserneuerung. (StGB. §§ 267, 268; ZPO. § 415; EinheitsG. §§ 1—3.) Die Lose der Winterhilfslotterie 1934/35 waren öffentliche Urkunden. Die Lotterie im Auftrag des Führers von der Partei veranstaltet; die Lose trugen die Unterschrift des Reichsschatzmeisters. Öffentliche Urkunden sind Urkunden, die von einer öffentlichen Behörde innerhalb der Grenzen ihrer Amtsbefugnis oder von einer mit öffentlichem Glauben versehenen Person innerhalb ihres Geschäftskreises in der vorgeschriebenen Form aufgenommen worden sind; ist keine Form vorgeschrieben, so genügt die übliche Form. Früher wurde angenommen, daß eine Behörde nur durch die Staatsgewalt eingerichtet werden könne; die staatsbehördliche Organisation war die einzige Organisation, auf der der

Staat ruhte. Der nationalsozialistische Staat ruht aber, bildlich gesprochen, auf zwei Säulen, dem Staatsapparat und der Parteiorganisation. Die Partei ist die Trägerin des deutschen Staatsgedankens und mit dem Staat unlöslich verbunden; sie ist die führende und bewegende Kraft des Staates. Das Gesetz zur Sicherung der Einheit von Partei und Staat unterscheidet zwar öffentliche Behörden einerseits und Dienststellen der Partei anderseits, geht aber doch in der Gesamtheit seiner Bestimmungen davon aus, daß Staatsapparat und Parteiorganisation gleichwertig nebeneinander stehen und daß beide kraft eigenen Rechts öffentliche Aufgaben wahrnehmen. Die Partei leitet ihre Befugnisse, ihre Tätigkeit und ihre Organisation nicht von der Staatsgewalt ab. Die Abteilung Lotterie der Reichsleitung der NSDAP. ist kein Organ der Staatsgewalt, aber einer öffentlichen Behörde gleichzuachten. Es ist eine Grundforderung der Rechtserneuerung, daß alle Begriffe, die Wissenschaft und Rechtsprechung bisher entwickelt haben, darauf geprüft werden, ob sie dem Wesen und dem Aufbau des neuen Staates entsprechen. (V, 17. Oktober 1935.)

Amtl. Sammlg. S. 357—360.

Vgl. Bd. 18 S. 246; Bd. 42 S. 233; Bd. 54 S. 150; Bd. 68 S. 20; Bd. 69 S. 231; JW. 135 S. 2735.

109. Betrug. Arglist. Hauptverhandlung. Abtrennung. Beurlaubung. (StGB. §§ 230, 261.) E. und P. verübten Betrügereien unter Mißbrauch einer gemeinnützigen Stelle, die im Geschäftsleben besonderes Vertrauen genoß. Das Reichsgericht billigte die Auffassung, daß darin ein besonders arglistiges Handeln lag und daher ein besonders schwerer Fall anzunehmen war. Arglist gehört an sich beim Betrug schon zum gesetzlichen Tatbestand; als besonders arglistig kann ein Betrug angesehen werden, wenn zur Täuschung eine besondere, über das gewöhnliche Maß hinausgehende Arglist angewendet wird. Die besondere Arglist muß sich in der Art der Begehung ausprägen; sie muß in den äußeren Umständen, unter denen, und in der Art und Weise, wie der Betrug bewerkstelligt, der Täuschungswille verfolgt wird, äußerlich sichtbar werden, ist also keine rein innerliche Tatsache. Mit Recht hatte das Landgericht ein ungewöhnliches Maß hinterlistiger Berechnung darin gefunden, daß mit größter

Gewissenlosigkeit und Hartnäckigkeit gerade der Name einer gemeinnützigen Stelle mißbraucht worden war, und daß mit ungewöhnlicher Umsicht alles vorausberechnet worden war, was dem Plane zum Erfolg verhelfen konnte. — Das Verfahren gegen den Angeklagten P. war abgetrennt worden zu dem Zweck, um ihn von der Pflicht der Anwesenheit zu befreien; in seiner Abwesenheit wurde nur über einen Fall verhandelt, an dem er nicht beteiligt gewesen war. Nach Abschluß dieser Verhandlung wurde der Abtrennungsbeschluß wieder aufgehoben. Das war zulässig. Während der Zeit der Abtrennung war gegen den Angeklagten P. keine Hauptverhandlung geführt worden; es bestand für ihn also keine Verpflichtung, ja nicht einmal ein Recht, an der Hauptverhandlung teilzunehmen, die gegen den anderen Angeklagten weitergeführt wurde. Allerdings durfte das Ergebnis der in seiner Abwesenheit geführten Verhandlung nicht gegen ihn verwertet werden. Dafür fanden sich aber im Urteil keine Anhaltspunkte. (III, 21. Oktober 1935.)

Amtl. Sammlg. S. 360—364.

Vgl. Bd. 22 S. 311; Bd. 65 S. 65; Bd. 69 S. 18.

110. Fahrlässige Körperverletzung. Kraftwagenführer. Trunkenheit. Verminderte Zurechnungsfähigkeit. (StGB. §§ 51, 232; KraftFahrzG. § 5; StrVerkO. § 36.) In einer Nebenstraße in Berlin stieß ein betrunkener Führer eines Kraftwagens mit einer Frau zusammen und verletzte sie; obwohl er den Unfall bemerkte, fuhr er noch etwa 80 Meter weiter, bis er gestellt wurde. Gegen seine Verurteilung wegen fahrlässiger Körperverletzung und Führerflucht wandte er ein, daß er zur Zeit der Tat infolge seiner Trunkenheit nicht zurechnungsfähig war. Das Landgericht hatte aber einwandfrei festgestellt, daß er nicht sinnlos betrunken, sondern wohl imstande war, das Unerlaubte seiner Tat einzusehen und nach dieser Einsicht zu handeln. Die Tatsache, daß er infolge der Trunkenheit seinen Kraftwagen nicht mehr sicher führen konnte, schloß nicht ohne weiteres in sich, daß seine Zurechnungsfähigkeit wegen Bewußtseinstörung erheblich vermindert war. Unter die körperlichen und geistigen Mängel im Sinne des § 1 StrVerkO. fallen auch Zustände erheblicher Beeinflussung durch Rauschgifte; eine Person, die sich in einem solchen Zustande befindet, darf sich, wenn sie ihr Fahrzeug nicht mehr sicher steuern kann, nicht als Lenker eines Kraftfahrzeugs am Verkehr beteiligen. Der Angeklagte machte sich also nach § 36 StrVerkO. strafbar, wenn er die Fahrt fortsetzte, obwohl er erkannte, daß er die gerade Fahrtrichtung nicht mehr einzuhalten vermochte; er setzte dadurch gleichzeitig die Ursache für die Verletzung der Frau. Der Angeklagte hätte seinen Wagen auf die linke Seite der Straße lenken und dort halten lassen können. Das Landgericht hatte angenommen, daß zwar die Fähigkeit zum sicheren Lenken seines Fahrzeugs, die eine besondere Anspannung der geistigen und körperlichen Kräfte voraussetzt, bei ihm ausgeschlossen war, daß er aber fähig war, zu überlegen, daß er sich in einer Einbahnstraße befand und darum auf der linken Seite halten dürfe. Hierin lag kein Widerspruch. Nachdem der Angeklagte den Unfall bemerkt hatte, war die Überlegung, daß er sich nun den Folgen nicht durch die Flucht entziehen dürfe, so einfach und für den Angeklagten als erfahrenen und mit den örtlichen Verhältnissen vertrauten Kraftwagenführer so selbstverständlich, daß er hierzu keines besonderen Zeitraumes bedurfte. (II, 24. Oktober 1935.)

Amtl. Sammlg. S. 364—367.

Vgl. JW. 1935 S. 1493.

111. Straffreiheit. Einziehung. (StrafFrG. § 2; RAbgO. §§ 401, 402.) Die Einziehung einer zu einer Zollhinterziehung benutzten Barkasse wurde abgelehnt mit der Begründung, daß die Tat unter das Straffreiheitsgesetz falle. Die Revision der Staatsanwaltschaft hatte Erfolg. Das Straffreiheitsgesetz hat nur Verfahren zum Gegenstand, die auf die Bestrafung des Täters gerichtet sind; es verbietet aber nicht, ein selbständiges Erziehungsverfahren einzuleiten oder fortzusetzen, soweit ein solches nach den hierfür geltenden Vorschriften zulässig ist. (III, 4. November 1935.) Amtl. Sammlg. S. 367—369.

Vgl. Bd. 53 S. 124; Bd. 66 S. 431; Bd. 67 S. 215.

112. Wahlfeststellung. Mildestes Gesetz. (StGB. § 2b; StPO. §§ 267b, 357.) Frau H., die sich schwanger fühlte, wandte sich durch Vermittlung der Frau K. an Frau B. mit dem Ersuchen, ihr die Frucht abzutreiben. Der Eingriff sollte 55 RM kosten; 20 RM erhielt Frau B. als Teilzahlung. Als sie den Eingriff vornehmen sollte, weigerte sie sich; Frau K. ersuchte sie daher, wenigstens zum Schein einen Eingriff vorzunehmen, wozu sie bereit war. Sie nahm dann auch einen Eingriff vor, der aber ergebnislos blieb, und erhielt den Rest des vereinbarten Betrages. Frau H. wurde wegen versuchter Abtreibung, Frau B. wegen Betrugs, Frau K. wegen Beihilfe zum Betrug verurteilt. Frau H. legte keine Revision ein; Frau K. legte Revision ein, nahm sie aber zurück. Auf die Revision der Frau B. wurde das Urteil auch in der Richtung gegen Frau K. aufgehoben. Das Landgericht hatte ausgeführt, der Sachverhalt spreche in hohem Grade dafür, daß Frau B. tatsächlich einen verbotenen Eingriff bei Frau H. vorgenommen habe, das Ergebnis der Beweisaufnahme reiche aber nicht aus, das festzustellen. Zu ihren Gunsten müsse davon ausgegangen werden, daß sie die Abtreibungshandlung nur vorgetäuscht und sich damit eines Betrugs schuldig gemacht habe. Eine Verurteilung der Frau B. wegen Betrug war aber nur möglich, wenn das Gericht von dem Vorliegen des Tatbestandes überzeugt war; nach den Ausführungen des Urteils war das nicht der Fall. Es lag also in Wahrheit eine Verurteilung auf Grund wahldeutiger Tatsachengrundlage vor; entweder war der Tatbestand des Abtreibungsversuchs oder jener des Betrugs erfüllt. Nach der zur Zeit des Urteils geltenden Rechtslage hätte also Frau B. überhaupt nicht verurteilt werden dürfen. Eine Wahlfeststellung ist erst durch das Gesetz vom 31. August 1935 zugelassen worden. Diese Vorschrift gilt nicht rückwirkend; gleichwohl erklärte das Reichsgericht, daß auch schon für das frühere Recht eine Verurteilung auf solcher Grundlage als unbeschränkt zulässig anzusehen sei. In einem Beschluß der vereinigten Strafsenate vom 2. Mai 1934 war ausgeführt worden, es sei unerträglich, wenn das Gericht trotz der Überzeugung, daß eine strafbare Handlung begangen worden sei, einen Schuldigen deshalb freisprechen müsse, weil der Sachverhalt und damit die übertretene Strafvorschrift nicht eindeutig festgestellt werden könne; wenn trotzdem eine Verurteilung auf Grund von Wahlfeststellungen nur für den Fall des Zweifels zugelassen wurde, ob Diebstahl oder Hehlerei vorliege, so beruhte das auf Erwägungen der Zweckmäßigkeit. Das Reichsgericht hat aber als der höchste deutsche Gerichtshof darauf hinzuwirken, daß bei der Auslegung der Gesetze dem Wandel der Lebens- und

Rechtsanschauungen Rechnung getragen wird, der infolge der Staatserneuerung eingetreten ist. Ein solcher Wandel war durch das Gesetz vom 31. August 1935 bewirkt worden. Hiernach war die Verurteilung der Frau B. an sich zu billigen; es fehlte aber an einer hinreichenden Begründung für die Verurteilung wegen Betrugs. Nach § 2b StGB. ist der Täter in einem solchen Falle aus dem mildesten Gesetz zu bestrafen, und nach § 267b StPO. ist er im Urteilssatz nur der Verletzung des anzuwendenden Strafgesetzes schuldig zu sprechen. Dieser Grundsatz ist entsprechend auch für die früher begangenen Taten anzuwenden. Das Landgericht hatte Frau B. mildernde Umstände versagt; hiernach war aber im gegebenen Falle das mildere Gesetz jenes, das auf die versuchte Abtreibung anzuwenden war, weil die Strafe im Höchstmaße unterhalb der auf vollendetem Betrug gesetzten Strafe hätte bleiben müssen, die Mindeststrafe aber gleich war. Umgekehrt lag die Sache bei Frau K., da ihr mildernde Umstände zugebilligt worden waren, demnach bei Annahme von Betrug auf Geldstrafe allein hätte erkannt werden können. Die Frage, welches Gesetz das mildeste ist, kann nicht allein aus der gesetzlichen Strafdrohung, dem hier aufgestellten Strafrahmen, entschieden werden; vielmehr ist auch zu berücksichtigen, wie die Tat gerade bei diesem Täter, wegen der bei ihm bestehenden Besonderheiten innerhalb des allgemeinen Strafrahmens zu beurteilen ist. Welches Gesetz das mildeste ist, ergibt sich also für den Richter nur dann zutreffend, wenn er die mehreren Möglichkeiten streng auseinanderhält, und sich fragt, welche Strafe er für angemessen fände, wenn zweifelsfrei eindeutig die eine oder die andere Handlung nachgewiesen wäre. Frau B. war schon früher wegen Abtreibung zu einer schweren Zuchthausstrafe verurteilt worden. Hätte das Landgericht die eindeutige Feststellung getroffen, daß sie einen Abtreibungsversuch begangen habe, so hätte es hiefür innerhalb des maßgebenden Strafrahmens, der niedriger gewesen wäre als jener für vollendeten Betrug, eine höhere Strafe aussprechen müssen, als wenn sie eindeutig wegen vollendeten Betrugs schuldig gesprochen worden wäre. In diesem Falle hätte sie also wegen Betrugs verurteilt werden müssen. Wäre das Landgericht zu dem Ergebnis gekommen, daß für beide Fälle dieselbe Strafe angezeigt sei, so hätte es freie Hand gehabt, welches Strafgesetz anzuwenden gewesen wäre; es hätte dann dem Gesetz den Vorzug zu geben gehabt, dessen Verletzung nach gesundem Volksempfinden weniger schlecht gewertet wird. Dabei konnte es einen Anhalt bieten, daß Frau B. sich selbst des Betrugs bezichtigt hatte. Eine solche Anwendung des mildesten Gesetzes konnte allerdings im vorliegenden Falle zu der Unzuträglichkeit führen, daß Frau B. wegen vollendeten Betrugs, Frau K. wegen Beihilfe zur versuchten Abtreibung verurteilt wurde. Der Widerspruch wäre aber nur scheinbar. In Wirklichkeit würde jede der beiden Angeklagten auf wahldeutiger Tatsachengrundlage verurteilt; die Urteilsformel gäbe nur das angewandte Strafgesetz an, während die Urteilsgründe den wirklichen Sachverhalt ersehen ließe. Da der Sachverhalt bei Frau K. so zweifelhaft lag wie bei Frau B., war das Urteil auch in der Richtung gegen sie aufzuheben. (I, 24. September 1935.)

Amtl. Sammlg. S. 369—377.

Vgl. Bd. 68 S. 257.

113. Revisionsbegründung. Unterzeichnung. (StPO. § 345; RAnwO. § 91 b.) Ein Rechtsanwalt, gegen den ein ehrengerichtliches Vertretungsverbot verhängt war, unterschrieb eine Revisionsbegründung, die er als Angeklagter in eigener Sache einreichte. Das war zulässig; die rechtliche Wirksamkeit von Handlungen eines Rechtsanwalts wird durch das Vertretungsverbot nicht beeinträchtigt. Das muß auch für sein Tätigwerden in eigener Sache gelten. (V, 7. November 1935.)

Amtl. Sammlg. S. 377—378.

114. Beleidigung. Strafantrag. Irrtum. (StGB. §§ 61, 65.) An einem noch nicht 18 Jahre alten Mädchen hatte ein Mann unzüchtige Handlungen vorgenommen, indem er ihr vorspiegelte, daß er von Gott gesandt und mit besonderen Kräften ausgestattet sei; sie hatte darum in seinem Handeln keine Kränkung ihrer weiblichen Ehre empfunden. Nachdem sie durch ihren Bruder erfahren hatte, daß sie getäuscht worden war, stellte sie Strafantrag. Sie war zu dieser Zeit 18 Jahre und 2 Monate alt. Die Verurteilung wegen Beleidigung wurde vom Reichsgericht bestätigt. Daß die Antragstellerin keinen Widerstand gegen das Vorgehen des Angeklagten geleistet hatte, lag nicht daran, daß ihr an ihrer weiblichen Ehre nichts gelegen war, sondern daran, daß sie aus tatsächlichem Irrtum annahm, er handle nicht mit jener inneren Richtung, die sein Tun erst zu einer Ehrenkränkung machte. Demnach erlangte sie von den gegen sie begangenen Straftaten im Sinne des § 61 StGB. erst durch die Mitteilung ihres Bruders Kenntnis. Da sie den Strafantrag vor dem Ablauf von drei Monaten seit der Erlangung des selbständigen Strafantragrechtes gestellt hatte, war er rechtzeitig, selbst wenn sie schon früher von den strafbaren Handlungen Kenntnis gehabt hätte. (II, 11. November 1935.) Amtl. Sammlg. S. 378—380.

Vgl. Bd. 6 S. 48; Bd. 24 S. 427.

115. Krankenkasse. Vorstand. Untreue. Betrug. (RVO. § 23; StGB. § 263.) Ein Bauunternehmer, der Mitglied des Vorstandes einer Ortskrankenkasse war, übernahm für diese die Ausführung eines Baues. Dieser sollte als Selbstkostenbau ausgeführt werden; als Unternehmergewinn sollten 10% der gesamten Rechnungssumme bezahlt werden. Bei früheren Bauten, die der Unternehmer für die Ortskrankenkasse ausgeführt hatte, war ausdrücklich schriftlich bestimmt worden, daß sämtliche dem Bauausführenden seitens der Lieferanten und Handwerker bewilligten Rabatte und sonstigen Vereinbarungen der Ortskrankenkasse als Bauherrin zugute kommen sollten; im vorliegenden Falle war diese Bestimmung unterblieben. Der Unternehmer ließ sich in mehreren Fällen von Lieferanten Vergütungen oder Nachlässe versprechen und veranlaßte sie, ihre Rechnung entsprechend zu erhöhen. Er wurde wegen Verletzung seiner Pflichten als Vorstandsmitglied verurteilt. Das Reichsgericht verwies die Sache zurück. Die Stellung als Vorstandsmitglied legte dem Angeklagten die Pflicht auf, nicht zum Nachteil der Ortskrankenkasse zu handeln. Wollte er beim Abschluß des Vertrags der Ortskrankenkasse als freier Unternehmer gegenübertreten, so mußte er seine Stellung als Vorstandsmitglied aufgeben. Widerstreiten Pflichten, die dem Vorstand einer Krankenkasse dieser gegenüber obliegen, den eigenen Interessen, so gehen die Pflichten als Vorstand jedenfalls dann vor, wenn nicht wegen besonderer Umstände die eigenen Interessen als berechtigt anzuerkennen sind. Das galt im vorliegenden Falle um so mehr, als der Vorstand der Kasse im Vertrauen auf die

Zuverlässigkeit des Angeklagten unterlassen hatte, ihn bei der Ausführung der Bauten und der Vornahme der Abrechnungen beaufsichtigen zu lassen. Indem der Angeklagte die Lieferanten veranlaßte, die vereinbarten Vergütungen und Nachlässe auf ihre Rechnungen aufzuschlagen, verteuerte er die Lieferungen und handelte zum Nachteil der Kasse. Sein Verhalten erfüllte den Tatbestand der Untreue und des Betrugs, weil er durch die Vorlage der Rechnungen dem Vorstand der Kasse vorspiegelte, daß er die dort angegebenen Preise habe bewilligen müssen, und ihn dadurch bestimmte, die Bezahlung der übersetzten Rechnungen zu bewilligen. Das Landgericht hatte angenommen, daß auch in jenen Fällen, in denen der Angeklagte Vergünstigungen in Empfang genommen hatte, ohne eine Erhöhung der Rechnung anzuregen, er sich der Untreue schuldig gemacht habe, weil von einem Treuhänder ohne weiteres erwartet werden müsse, er werde alle Sondervorteile, die ihm aus Anlaß des Treuverhältnisses von dritter Seite zuflössen, seinem Treugeber zugute kommen lassen. Das ging nach der Auffassung des Reichsgerichts zu weit. Solche Verpflichtungen trafen den Angeklagten nur, wenn sie sich aus dem Vertrag ergaben, der zwischen ihm und der Kasse abgeschlossen worden war. Das konnte allerdings schon stillschweigend vereinbart sein und aus den früheren Verträgen entnommen werden. Lag aber eine solche stillschweigende Vereinbarung nicht vor, so verstieß es nicht gegen die Treupflicht des Angeklagten, wenn er Vergünstigungen von Handwerkern und Lieferanten annahm und für sich behielt, sofern nur dadurch die Aufwendungen der Kasse nicht erhöht wurden. (II, 25. November 1935.)

Amtl. Sammlg. S. 380—384.
Vgl. Bd. 36 S. 69.

116. Devisenrecht. Urkundenfälschung. Bannbruch. Tateinheit. Schwerste Strafe. Höchststrafe. Einziehung. Wertersatz. Sicherungsmaßnahme. (StGB. §§ 73, 267, 268; StPO. § 358 n. F.; DevG. §§ 13, 42, 45; VZG. § 134; RAbgO. §§ 401, 406, 414, 415, 418.) Unter Benutzung eines verfälschten holländischen Passes wurden 3480 *RM* auf Reiseschecks eingelöst und hiervon mindestens 1000 *RM* ohne entsprechende Genehmigung über die Grenze nach Holland gebracht. Die Verurteilung wegen Urkundenfälschung in Tateinheit mit einem Vergehen gegen das Devisengesetz wurde vom Reichsgericht bestätigt; das Reichsgericht fügte noch ein, daß Tateinheit mit Bannbruch gegeben sei. Zuwiderhandlungen gegen § 13 Abs. 1 DevG. gelten als Bannbruch im Sinne des Vereinszollgesetzes; jedoch sollen nach § 45 DevG. die Vorschriften des Vereinszollgesetzes nur insoweit zur Anwendung kommen, als neben der Strafe auf Einziehung der Beförderungsmittel zu erkennen ist, die der Täter zur Begehung der Tat benutzt hat. Das kam hier nicht in Frage. Da durch die Einfügung des Bannbruchs in die Urteilsformel eine Verschlechterung für den Angeklagten nicht bewirkt wurde, konnte das Reichsgericht sie selbst vornehmen. Die Strafe war entweder aus § 268 StGB. oder aus § 42 DevG. zu entnehmen. Entscheidend ist, nach welchem Gesetz die schwerste Strafe verhängt werden kann, nicht aber, welche Strafe im Einzelfalle verwirkt ist; darum bleibt auch unberücksichtigt, ob mildernde Umstände zugebilligt werden. Droht ein Gesetz für besonders schwere Fälle Zuchthaus an, so ist das bei der Vergleichung der Höchststrafe zu berücksichtigen, auch wenn kein besonders schwerer Fall vorliegt. Bestimmt ein Gesetz, daß neben einer Freiheitstrafe auf Geldstrafe erkannt werden muß oder kann, so ist die Geldstrafe nicht Nebenstrafe, sondern Hauptstrafe und bei der Vergleichung heranzuziehen. Bemißt sich die Geldstrafe nach dem Vielfachen eines bestimmten Wertes, so ist nicht Geldstrafe in unbegrenzter Höhe angedroht; vielmehr bemißt sich die in Vergleich zu ziehende höchste Geldstrafe nach dem Vielfachen des Wertes, der in Betracht kommt. Diese Strafe gilt für alle Straftaten, die sich auf Gegenstände dieses Wertes beziehen, und zwar von vornherein in der nach dem Werte zu bemessenden Höhe; keineswegs wird dieses Strafmaß mit der Begehung der Einzelhandlung festgestellt. Sind die Strafen, die verhängt werden können, im Höchstmaße gleich, so kommt es auf die Nebenstrafen an; sind auch diese gleich, so entscheidet das Mindestmaß, daher die geringste Strafe, auf die erkannt werden kann. Dabei ist der bei mildernden Umständen gegebene Strafrahmen zu berücksichtigen. Auch hier macht es keinen Unterschied, ob die mildere Strafe wahlweise zugelassen oder zwingend vorgeschrieben ist; es kommt auch nicht darauf an, ob im gegebenen Falle mildernde Umstände festgestellt werden oder nicht. Erst wenn alle diese Maßstäbe nicht zum Ziele führen, kann von Bedeutung sein, ob die Höchststrafe zwingend vorgeschrieben ist oder nicht. Die Anwendung dieser Grundsätze auf den vorliegenden Fall ergab folgendes: § 268 StGB. in Verbindung mit § 27 StGB. droht Zuchthaus bis zu 10 Jahren und Geldstrafe bis zu 10000 *RM* an (daß es in das Ermessen des Gerichtes gestellt ist, die Geldstrafe zu verhängen, steht nicht entgegen). § 42 DevG. droht Zuchthausstrafe bis zu 10 Jahren (daß ein besonders schwerer Fall nicht angenommen war, blieb ohne Belang) und Geldstrafe bis zum Zehnfachen des Wertes der Zahlungmittel an, auf die sich die strafbare Handlung bezieht. Da sonach hier die Hauptstrafen in derselben Höhe angedroht waren, gaben die Nebenstrafen den Ausschlag. In Betracht kam vor allem die Aberkennung der bürgerlichen Ehrenrechte. Diese ist bei Urkundenfälschung sowohl neben Zuchthaus- als neben Gefängnisstrafe zulässig, bei dem Devisenvergehen nur neben Zuchthaus. § 268 StGB. droht also die schwerere Strafe an. Da das Devisengesetz kein Steuergesetz ist, können neben der Strafe aus dem Strafgesetzbuch nicht auch noch solche aus dem Devisengesetz verhängt werden; dagegen ist die Anordnung von Maßnahmen zulässig, die nach ihrem Wesen nicht als Strafen aufzufassen sind. Der Einziehung wohnt häufig eine Doppelnatur inne; mit ihr kann sowohl Strafzweck als Sicherungszweck verfolgt werden, und bald kann der eine, bald der andere Zweck mehr hervortreten. Der überwiegende Gesichtspunkt bestimmt die Natur der Einziehung. Die Einziehung nach § 406 RAbgO. ist zweifellos nicht Nebenstrafe, sondern Sicherungsmaßnahme; sie hat ja auch nicht einmal die Einleitung eines Strafverfahrens zur Voraussetzung. Die Einziehung nach den §§ 414, 415 RAbgO. ist dem Täter gegenüber Strafe, dem an der Tat unbeteiligten Eigentümer gegenüber eine dingliche strafrechtliche Haftung. Die Einziehung nach § 401 RAbgO. ist Nebenstrafe; sie hat aber einen polizeilichen Charakter, wenn sie nach § 414 RAbgO. anzuordnen ist ohne Rücksicht darauf, wem die einzuziehenden Sachen gehören. Nach § 45 DevG. unterbleibt die Einziehung, wenn der davon Betroffene nachweist, daß er von der Straftat weder Kenntnis gehabt hat noch hat haben können, und wenn er von der Straftat auch keinerlei Vorteil gehabt hat. Hienach ist die Einziehung nach dem Devisengesetz nicht als Sicherungsmaßnahme, sondern als Nebenstrafe anzusehen und zu behandeln. Dieselbe Eigenschaft kommt auch dem Werterfaß nach dem Devisengesetz zu. Demgemäß durfte auf Werterfaß im vorliegenden Falle nicht erkannt werden. Das Landgericht hatte auf Grund des § 42 DevG. eine Geldstrafe von 2000 *RM* und eine Nebenstrafe von 1000 *RM* ausgesprochen. Da auf eine Geldstrafe von 3000 *RM* auch nach § 268 StGB. hätte erkannt werden können, war der Angeklagte durch die Anwendung des unrichtigen Strafgesetzes nicht beschwert. (V, 11. November 1935.) Amtl. Sammlg. S. 385—390. Vgl. Bd. 24 S. 59; Bd. 30 S. 284; Bd. 42 S. 397; Bd. 46 S. 131, 268; Bd. 53 S. 47; Bd. 54 S. 29; Bd. 59 S. 214; Bd. 62 S. 49; Bd. 63 S. 278; Bd. 65 S. 283; Bd. 66 S. 247; Bd. 67 S. 215, 375; Bd. 68 S. 11; JW. 1935 S. 535, 861.

117. Branntwein. Bearbeiten. Verwerten. Inverkehrbringen. (BranntwMonG. §§ 43, 82 a). Bei einer Branntweinbrennerei wurden 400 Liter 32 teiliger Kornbranntwein bestellt. Da solcher nicht vorrätig war, ließ der Inhaber der Brennerei eine entsprechend geringere Menge hochgehaltigen Branntweins in die Betriebsräume des Bestellers bringen und dort durch seine Angestellten auf eine Stärke von 32% herabsetzen; so wurde der Branntwein dann dem Besteller übergeben. Das freisprechende Urteil wurde vom Reichsgericht aufgehoben. Ehe die Verrichtungen, die als Weiterverarbeiten von Branntwein anzusehen waren, vorgenommen wurden, hätte der Angeklagte der Zollstelle Anzeige erstatten müssen. Daran änderte nichts, daß sowohl sein Betrieb als jener des Bestellers der Zollstelle angemeldet war. Eine wirksame amtliche Überwachung ist nur dann möglich, wenn der Bearbeiter die in Betracht kommenden Verrichtungen in den für ihn angemeldeten Betriebsräumen vornimmt. Der Hersteller hat den Branntwein abzuliefern, soweit er ihn nicht selbst in trinkfertigem Zustand verwertet. Verwerten bedeutet Inverkehrbringen. Schon mit der räumlichen Entfernung des hochgehaltigen Sprits aus den für den Hersteller angemeldeten Betriebsräumen war er in Verkehr gebracht; daß ein anderer die tatsächliche Verfügungsgewalt erlangt, ist nicht erforderlich. (III, 25. November 1935.)

Amtl. Sammlg. S. 390—393.
Vgl. Bd. 58 S. 51; Bd. 67 S. 303.

118. **Bestechung. Mittäterschaft.** (StGB. §§ 47, 332.) Ein Postbeamter übernahm von einem Briefmarkenhändler ungebrauchte Briefmarken aus der Inflationszeit zur Abstempelung. Die Abstempelung ließ er durch einen anderen Postbeamten vornehmen; dieser benutzte dabei den amtlichen Poststempel und stellte diesen auf einen Tag aus der Inflationszeit zurück. Das Entgelt wurde zwischen den beiden Beamten geteilt. Sie wußten, daß ihr Handeln verboten war. Die Verurteilung wegen gemeinschaftlich verübter fortgesetzter Bestechlichkeit wurde vom Reichsgericht gebilligt. Die Abstempelung der Briefe war eine in den Dienst einschlagende Amtshandlung. Dem stand nicht entgegen, daß den Beamten nach ihrer Dienstvorschrift nur die Abstempelung von Briefmarken oblag, die sich im Verkehr befanden. Eine in sein Amt einschlagende pflichtwidrige Handlung begeht nicht nur, wer eine Tätigkeit vornimmt, die an sich in den Kreis seiner Amtspflichten fällt, sondern auch, wer seine amtliche Stellung dazu mißbraucht, eine durch die Dienstvorschriften verbotene Handlung vorzunehmen, die ihm gerade seine amtliche Stellung ermöglicht. Die gegenteilige Annahme würde, entgegen der klaren Absicht des Gesetzes, gerade die schwersten Fälle entgeltlicher Amtspflichtverletzung der Bestrafung entziehen. Bei den Handlungen des einen Beamten, der die Abstempelung nicht selbst vornahm, konnte es an sich zweifelhaft sein, ob eine Vornahme pflichtwidriger Amtshandlungen anzunehmen war; da er aber in bewußtem und gewolltem Zusammenwirken mit dem anderen Beamten gehandelt und dessen Handlung als eigene gewollt hatte, lag Mittäterschaft vor. Die pflichtwidrigen Handlungen, die der zweite Beamte vorgenommen hatte, hätte auch der erste vornehmen können; er hatte davon nur abgesehen, weil der andere Beamte über einen geeigneteren Stempel verfügte und im Abstempeln großer Mengen von Wertzeichen geübter war. Da jeder der beiden Täter Beamter war und die Tat, die sie gemeinsam begingen,

sonach für jeden von ihnen sich als eine in ihr Amt einschlagende pflichtwidrige Amtshandlung darstellte, bestand gegen die Annahme von Mittäterschaft kein Bedenken. (II, 28. November 1935.)

Amtl. Sammlg. S. 393—395.

Vgl. Bd. 16 S. 42; Bd. 28 S. 424; Bd. 36 S. 66; Bd. 37 S. 354.

119. Handelsbücher. Urkundenfälschung. Urkundeneinsicht. (StGB. §§ 267, 268; BGB. § 810; HGB. § 45.) Gelegentlich eines Viehtausches wurde ein Zugabewechsel über 250 *RM* ausgestellt. Der Empfänger trug das in sein Verkaufsbuch ein. Es gelang ihm später, die geschäftsungewandten Aussteller zur Hergabe eines weiteren Wechsels über 750 *RM* zu bestimmen, für den ein Rechtsgrund nicht vorlag. Um für den zu erwartenden Streit ein Beweismittel zu schaffen, fälschte er den Eintrag in seinem Verkaufsbuch auf 750 *RM*. Der zweite Wechsel wurde eingeklagt und mußte, da er an einen gutgläubigen Erwerber weitergegeben war, eingelöst werden. Die Klage auf Schadenersatz hatte keinen Erfolg, weil der Schuldner in Konkurs fiel. Die Verurteilung wegen schwerer Urkundenfälschung wurde vom Reichsgericht bestätigt. Die Eintragung, die der Angeklagte in sein Verkaufsbuch gemacht hatte, war mit Recht vom Zeitpunkt ihrer Niederschrift an als eine beweiserhebliche Privaturkunde angesehen worden. Der Angeklagte hatte das Buch nicht nur zu dem Zweck geführt, um sich über den Stand seines Geschäfts zu unterrichten; es bildete die Grundlage für die Anmeldung zur Umsatzsteuer und war so geführt, daß es jederzeit dem Finanzbeamten zum Nachweis der angemeldeten Umsätze vorgelegt werden konnte. Die nachträgliche Änderung war unbefugt und stellte darum eine Verfälschung dar. Der Urheber einer Urkunde darf diese nur solange beliebig ändern, als er über sie — in ihrem stofflichen Untergrund und ihrem gedanklichen Inhalt — tatsächlich und rechtlich die ausschließliche Verfügungsgewalt hat. Das gilt insbesondere auch für Handelsbücher, die ein Kaufmann führt. Das Änderungsrecht erlischt, sobald ein anderer ein gesetzliches oder vertragliches Recht auf unveränderten Fortbestand der Urkunde erlangt hat. § 810 BGB. gewährt dem, der ein rechtliches Interesse daran hat, das Recht, eine in fremdem

Besitz befindliche Urkunde einzusehen, insbesondere dann, wenn in dieser ein Rechtsverhältnis beurkundet ist, das zwischen ihm und dem Besitzer besteht. Diese Vorschrift darf nicht eng ausgelegt werden. Es braucht sich nicht um eine Urkunde zu handeln, die das ganze Rechtsverhältnis umfassend festlegt; vielmehr genügt, daß sie sich rechtlich auf das fragliche Rechtsverhältnis bezieht. Das gilt insbesondere auch für die Eintragung in die Handelsbücher eines Vollkaufmanns. Die Aussteller des Wechsels hatten auch ein rechtliches Interesse an der Einsichtnahme. Ein solches Interesse liegt vor, wenn es zur Förderung, Erhaltung oder Verteidigung rechtlich geschützter Interessen von Wert ist, von dem Inhalt der Urkunde Einsicht zu nehmen. Ob das der Fall ist, muß unter billiger Würdigung der beiderseitigen Interessen geprüft werden. Ein rechtliches Interesse ist zu verneinen, wenn durch die Einsichtnahme erst Unterlagen für eine Rechtsverfolgung geschaffen werden sollen. Es müssen vielmehr bestimmte Anhaltspunkte für einen Zusammenhang des Urkundeninhalts mit einem bestimmten Rechtsverhältnis gegeben sein. Ein solcher Zusammenhang war hier zweifellos vorhanden. Die Aussteller des Wechsels waren hiezu durch Täuschung veranlaßt worden. Die Beweislast hatte sich dadurch zu ihren Lasten umgekehrt. Sie hatten also ein rechtliches Interesse daran, zu erfahren, welche Eintragung über das mit ihnen geschlossene Geschäft in den Handelsbüchern gemacht worden war. Die verfälschte Urkunde sollte in dem zu erwartenden Rechtstreit gebraucht werden, um den erlangten Vermögensvorteil zu erhalten. Damit war der Tatbestand der schweren Urkundenfälschung erfüllt. (IV, 29. November 1935.) Amtl. Sammlg. S. 396—401. Vgl. Bd. 48 S. 55; Bd. 50 S. 420; Bd. 52 S. 88; Bd. 67 S. 245; RGZ. Bd. 56 S. 109; Bd. 87 S. 10; Bd. 117 S. 332.

120 **Ausschluß der Öffentlichkeit.** (GVG. §§ 172, 174; StPO. §§ 33, 338.) Auf Antrag des Staatsanwalts wurde beschlossen, die Öffentlichkeit auszuschließen, ohne daß mit dem Angeklagten hierüber verhandelt worden war. Die hierauf gestützte Revision hatte keinen Erfolg. Die gegenwärtige Rechtsordnung, die sich insbesondere aus dem grundlegend geänderten staatsrechtlichen Aufbau

des Reiches ergibt, legt den Vorschriften über das Verfahren, in dem die richterliche Entscheidung über die Ausschließung der Öffentlichkeit ergeht, nicht mehr die überragende Bedeutung bei, daß ihre Verletzung in jedem Falle einen zwingenden Revisionsgrund abgeben müßte. Sie hält an dem Grundsatz der Öffentlichkeit als einer wesentlichen Bedingung des öffentlichen Vertrauens zu der Rechtsprechung der Gerichte fest, sieht aber in ihr mehr ein sachliches Anliegen der Rechtsgemeinschaft als eine besondere Bürgschaft für den einzelnen Angeklagten. Unter den Vorschriften über die Öffentlichkeit des Verfahrens, deren Verletzung immer als Revisionsgrund anzuerkennen ist, sind Bestimmungen zu verstehen, die entweder die sachliche Entscheidung über die Öffentlichkeit selbst betreffen oder gerade dem Verfahren, in dem jene Entscheidung ergeht, eigentümlich sind. Die Vorschrift, daß gerichtliche Entscheidungen nur nach Anhörung der Beteiligten ergehen dürfen, ist aber keineswegs gerade dem Verfahren über Ausschluß der Öffentlichkeit eigentümlich; sie gilt für das gesamte Strafverfahren und wäre bei einer Beschlußfassung über Ausschluß der Öffentlichkeit auch dann zu beachten, wenn das nicht ausdrücklich in § 172 GVG. angeordnet wäre. Demgemäß hätte die Verletzung der Vorschrift nur dann zur Aufhebung des Urteils führen können, wenn dieses auf ihr beruht hätte. (III, 5. Dezember 1935.) Amtl. Sammlg. S. 401—404. Vgl. Bd. 1 S. 50; Bd. 10 S. 92; Bd. 20 S. 21; Bd. 26 S. 396; Bd. 37 S. 437; Bd. 47 S. 343; Bd. 57 S. 26, 264; Bd. 66 S. 113; Bd. 69 S. 175; JW. 1931 S. 1619, 2505.

Gesetzesregister.

1. **Strafgesetzbuch (StGB.): 1** 16; **2** 78; **2 b** 112; **19** 11; **20a** 3, 4, 12, 38; **21** 11; **42**, **42 b** 5, 45, 46, 73, 79, 96; **42c** 12; **42e** 38; **42 f** 45, 46; **42 k** 4, 12, 38, 45, 46; **42 n** 38; **43** 92, 101, 102; **44** 11; **46** 41, 101; **47** 90, 118; **49** 105; **49a** 2; **49 b** 50; **51** 5, 11, 32, 38, 79, 96, 110; **53** 54, 81; **59** 78, 94; **60** 100; **61** 114; **64** 39; **65** 114; **67** 3; **73** 1, 15, 25, 61, 103, 116; **74** 25; **83** 17, 47; **85** 47; **102** 17; **122** 90; **146** 2; **147** 2; **151** 2, 93; **153** 11, 58; **154** 14, 15; **156** 9, 34; **157** 14; **161** 11; **164** 52; **174** 66; **175** 83; **176** 41, 102; **177** 102; **178** 102; **181a** 31; **197** 42; **211** 17; **212** 54; **213** 54, 96; **218** 23, 92; **222** 98; **230** 109; **230c** 98; **231** 74; **232** 74, 110; **236** 16; **243** 25; **245 a** 21, 25; **248a** 95; **251** 101; **257** 80; **259** 61; **260** 48, 61; **261** 109; **263** 15, 29, 58, 87, 88, 107, 115; **264** 18, 48; **264a** 95; **265** 1; **266** 6, 18; 19; 43, 62, 69, 72, 85, 103; **267** 10, 34, 48, 61, 78, 108, 116, 119; **268** 10, 61, 78, 108, 116; **269** 70; **270** 61; **306** 1, 44; **318** 32; **327** 32; **330 a** 56, 57; **332** 118; **336** 65; **343** 32; **348** 10, 30, 82; **349** 10, 30, 82; **350** 71, 82, 103; **351** 55, 91, 103; **352** 32; **354** 82; **359** 71; **367** 89.
2. **Strafprozeßordnung (StPO.): 22** 77; **33** 53, 120; **60** 80; **61** 31, 37, 80; **79** 27; **80 a** 38; **127** 94; **140** 16; **154** 17; **154a** 17; **156** 49; **200** 35; **209** 47; **229** 7; **230** 7, 76; **231** 7; **233** 7; **243** 35; **246a** 38; **247** 76; **249** 24; **258** 5; **261** 24; **264** 24; **267 b** 112; **270** 47; **273** 53; **316** 32; **331** 51; **338** 7, 53, 76, 120; **345** 40, 113; **349** 74; **355** 47; **357** 19, 112; **358** 20, 45, 46; 51, 116; **359** 74; **398** 49; **403** 74; **426** 45; **427** 49; **429 b** 51; **431** 13; **432** 13; **462** 46; **463a** 45, 46.
3. **Börsengesetz (BörsG.):** 19.
4. **Branntweinmonopolgesetz (BranntwMonG.):** 84, 117.
5. **Bürgerliches Gesetzbuch (BGB.): 134** 64; **138** 64; **229** 94; **230** 94; **231** 94; **254** 94; **419** 75; **662** 69; **810** 119; **817** 64; **892** 69; **894** 69; **1140** 69; **1157** 69; **1169** 69; **1273** 69; **1274** 69; **1617** 98.
6. **Depotgesetz (DepG.):** 19.
7. **Deutsches Auslieferungsgesetz (DAuslG.):** 17.
8. **Devisengesetz 1935:** 49, 116.
9. **Devisenverordnung 1932:** 49, 64, 78.

10. **Eideseinschränkungsgesetz (EidEinG.)**: 27.
11. **Gesetz zur Einheit von Partei und Staat (EinhG.)**: 105, 108.
12. **Finanzausgleichsgesetz (FinAusglG.)**: 68.
13. **Genossenschaftsgesetz (GenG.)**: 62.
14. **Gerichtsverfassungsgesetz (GVG.)**: **18** 17; **66** 99; **136** 83; **172** 53, 120; **173** 53; **174** 120; **175** 53.
15. **Gewohnheitsverbrechergesetz (GewVerbrG.)**: 3, 8, 20, 51, 77.
16. **Handelsgesetzbuch (HGB.)**: **1** 19; **45** 119; **186** 75; **312** 62; **313** 75.
17. **Kraftfahrzeuggesetz (KFG.)**: 63, 105, 106, 110.
18. **Lebensmittelgesetz (LebMittG.)**: 86, 87.
19. **Militärstrafgerichtsordnung (MStGO.)**: 67.
20. **Militärstrafgesetzbuch (MStGB.)**: 57, 81.
21. **Mineralwassersteuergesetz (MinWStG.)**: 60.
22. **Opiumgesetz (OpG.)**: 28.
23. **Patentgesetz (PatG.)**: 9.
24. **Rechtsanwaltsordnung (RAnwO.)**: 113.
25. **Reichsabgabenordnung (RAbgO.)**: **3** 68; **4** 68; **8** 68; **18** 68; **99** 60; **163** 78; **192** 60; **369** 13; **391** 60; **392** 26; **395** 60; **396** 26, 30, 60, 68, 84; **401** 59, 60, 111, 116; **402** 60, 111; **406** 116; **407** 78; **410** 26; **413** 60; **414** 13, 116; **415** 13, 116; **418** 84, 116; **421** 13; **443** 13; **445** 26; **448** 13; **459** 13; **468** 26, 60.
26. **Reichspräsidentenverordnung vom 28. 2. 1933**: 104.
27. **Reichspräsidentenverordnung vom 18. 3. 1933**: 13, 33.
28. **Reichsstraßenverkehrsordnung (RStVO.)**: 63, 106, 110.
29. **Reichsverfassung (RVerf.)**: **124** 104; **137** 104.
30. **2. Steueramnestieverordnung (2. StAmnVO.)**: 26.
31. **Straffreiheitsgesetz (StrFreihG.)**: 36, 48, 54, 79, 97, 111.
32. **Straftilgungsgesetz (StrTilgG.)**: 4.
33. **Unlauterer Wettbewerbsgesetz (UnlWG.)**: 39.
34. **Vereinszollgesetz (VZG.)**: 13, 30, 116.
35. **Versicherungsaufsichtsgesetz (VersAufsG.)**: 22.
36. **Zivilprozeßordnung (ZPO.)**: **377** 9; **391** 9; **415** 108.
37. **Zuckersteuergesetz (ZuckStG.)**: 84.
38. **Zwangsversteigerungsgesetz (ZVG.)**: 29.
39. **Zwecksparkassengesetz (ZwSparkG.)**: 22.
40. **Sonstige Reichsgesetze und -verordnungen**: 47, 115.
41. **Landesgesetze und -verordnungen**: 68.

Seitenzahlen der amtl. Sammlung.

1 1—3; **2** 3—8; **3** 8—10; **4** 11—12; **5** 12—14; **6** 15—18;
7 18—24; **8** 25; **9** 26—27; **10** 28—29; **11** 29—31; **12** 31—32;
13 32—41; **14** 41—44; **15** 44—49; **16** 49—53; **17** 54—58;
18 58—64; **19** 65—76; **20** 76—79; **21** 80—82; **22** 83—86;
23 86—88; **24** 88—91; **25** 91—92; **26** 93—97; **27** 97—99;
28 99—101; **29** 101—105; **30** 105—107; **31** 107—110;
32 110—115; **33** 115—117; **34** 117—120; **35** 120—124;
36 124—127; **37** 127—128; **38** 129—135; **39** 135—137;
40 137—139; **41** 140—143; **42** 143—146; **43** 146—148;
44 148—150; **45** 150—153; **46** 153—155; **47** 155—157;
48 157—162; **49** 162—164; **50** 164—170; **51** 170—173;
52 173—175; **53** 175—179; **54** 179—184; **55** 184—187;
56 187—189; **57** 189—191; **58** 191—192; **59** 193—194;
60 195—200; **61** 200—203; **62** 203—208; **63** 208—210;
64 210—212; **65** 213—216; **66** 216—218; **67** 218—220;
68 220—223; **69** 223—228; **70** 228—230; **71** 231—240;
72 240—242; **73** 242—244; **74** 244—249; **75** 249—253;
76 253—256; **77** 257; **78** 257—262; **79** 262—263;
80 263—265; **81** 265—270; **82** 271—272; **83** 273—276;
84 276—278; **85** 279—281; **86** 281—283; **87** 283—285;
88 285—287; **89** 287—289; **90** 289—298; **91** 298—303;
92 303—305; **93** 305—308; **94** 308—313; **95** 313—314;
96 314—318; **97** 318—320; **98** 321—325; **99** 325—326;
100 327; **101** 327—331; **102** 332—333; **103** 333—341;
104 341—348; **105** 349—350; **106** 350—354; **107** 354—357;
108 357—360; **109** 360—364; **110** 364—367; **111** 367—369;
112 369—377; **113** 377—378; **114** 378—380; **115** 380—384;
116 385—390; **117** 390—393; **118** 393—395; **119** 396—401;
120 401—404.

Sachregister.

Aberkennung, Eidesfähigkeit 11.
Abschrift, Urkundenfälschung 70.
Abtreibung, Verschaffung von Werkzeug 23.
— Wahlfeststellung 112.
Abtreibungsmittel, Verschaffung 92.
Abtrennung 7.
Aktiengesellschaft, Sachübernahme 75.
Amtsunterschlagung, mittelbare Täterschaft 91.
— Sturmführer 71.
— unrichtiger Beleg 55.
— Tateinheit mit Untreue 103.
— Vorlegung unrichtiger Belege 91.
Anklageschrift, Unmittelbarkeit 35.
Anschuldigung, falsche 52.
Apotheker, Abgabe von Betäubungsmitteln 28.
Arglist, Betrug 109.
Aufruhr 90.
Ausländereigenschaft, Feststellung 78.
Auslieferungsverzicht, Wirkung 17.

Bandenschmuggel 30.
Bannbruch 13.
— Tateinheit mit Urkundenfälschung 116.
Bausparvertrag 22.
Beamteneigenschaft, Sturmführer 71.
Behörde, Amtsstelle der NSDAP. 108.
Beihilfe, Bandenschmuggel 30.
— Depotverbrechen 19.
— durch Unterlassung 105.
Beleidigung, Reichsnährstand 42.
— Strafantrag 114.
Besonders schwerer Fall, Betrug 109.
— Untreue 103.
Bestechung, Mittäterschaft 118.
— Strafantrag 39.
Betäubungsmittel, Abgabe 28.
Betrug 115.
— besonders schwerer Fall 109.
— mittelbare Täterschaft 88.
— Täuschung beim Vertragsschluß 107.
— Vermögensbeschädigung 107.
— Verschweigen 87.
Betrügerische Absicht, Versicherungsbetrug 1.
Beurlaubung, Angeklagter 109.
Bibelforscher, Religionsfreiheit 104.
— Religionsgesellschaft 104.

Bindung an frühere Urteile 83.
— Revisionsgericht 97.
Brandstiftung, Scheune 43.
— Stall 44.
Branntwein, Bearbeiten, Inverkehrbringen, Verwerten 117.
Branntweinmonopolvergehen, Tateinheit mit Zuckersteuerhinterziehung 84.
Buße 74.

Depotverbrechen 19.
Devisenrecht 116.
— Ausländereigenschaft 78.
— Freigrenze 49, 64.
Diebstahl, Gewahrsam 21.
— Versuch 101.
Diebswerkzeug, Besitz 25.
— Gewahrsam 21.
Dienststrafverfahren 65.

Eidesfähigkeit, Aberkennung 11.
Eidesstattliche Versicherung, Patentamt 9.
Einbruchdiebstahl 25.
Einstellung, wegen Straffreiheit 48.
— Revision 36.
Einziehung 111, 116.
— Beförderungsmittel bei Schmuggel 59.
— Zollhinterziehung 13.
Entmannung 20, 38, 45.
— Ersatz durch Sicherungsverwahrung 12.
— Rückfallverjährung 4.
Eröffnungsbeschluß, Ergänzung 35.
Erzieher, Dienstherr einer Landhelferin 66.
Exterritorialität, Gesandtschaft 17.

Fahrlässige Körperverletzung, Trunkenheit 110.
Fahrlässige Tötung, Mitverschulden 94.
— Selbsthilfe 94.
— Vernachlässigung der Gemeinschaftspflicht 98.
Fahrlässigkeit, Kraftfahrzeugverkehr 63.
Falschbeurkundung 10, 30.
Falsche Anschuldigung, Verdächtigung 52.
Fangbrief, Urkunde 82.
Feriensenat, Abweichung von der Entscheidung 80.
Festnahme, vorläufige 94.
Fleischbeschau 86.
Fleischwaren, Gesundheitsschädlichkeit 86.
Fortgesetzte Straftat, Gesamtvorsatz 26.
Führerflucht 105.

Geistige Minderwertigkeit, Strafmilderungsgrund 11.
Gemeinschaftspflicht, Begriff 98.
Genossenschaftliche Untreue, Pflichtwidrigkeit 61.
Geschäftsverteilung, Strafkammervorsitz 99.

Gesellschaft m. b. H., Verletzter 37.
Gesetzeseinheit, keine bei § 243 Nr. 1 u. 245a StGB. 25.
Gewahrsam 21, 103.
Gewalttätigkeit, Meuterei 90.
Gewohnheitsverbrecher, Entartung 38.
Glaubensfreiheit, ernste Bibelforscher 104.
Grundschuldabtretung, Untreue 69.

Handelsbücher, Urkundeneigenschaft 119.
Hauptverhandlung, Abtrennung 7, 109.
— Abwesenheit des Angeklagten 7.
— Unterbrechung 7.
— Verbindung 7.
Hauszinssteuer, Untreue 68.
Hehlerei, gewerbsmäßige 61.
Heilanstalt, Unterbringung 5, 45, 73, 79.
Hochverrat 17.
— Verweisung ans Volksgericht 47.

Irrtum 65, 78, 94, 96.
— Beleidigung 114.
— innerer Tatbestand 60.
Jugendliche, Aberkennung der Eidesfähigkeit 11.

Kaufmann, persönlich haftender Gesellschafter der Komm.-G. 19.
Kommanditgesellschaft, Depotverbrechen 19.
Kraftfahrzeugverkehr 63.
Kraftwagenführer, Trunkenheit 110.
Kraftwagenverkehr, Führerflucht 105.
— Straßenverkehrsordnung 106.
Krankenkassenvorstand, Betrug, Untreue 115.

Landfriedensbruch, Zuständigkeit 33.
Landhelferin, Erziehereigenschaft des Dienstherrn 66.
Lehrereigenschaft, Dienstherr einer Landhelferin 66.
Leichnam, Beseitigung 89.
Lichtbild, Urkundenfälschung 70.

Meineid 58, 73.
— Strafermäßigung 14.
Meuterei, Mittäterschaft 90.
Militärgerichtliches Verfahren, Revision 67.
Militärisches Vergehen, Volltrunkenheit 57.
Militärischer Vorgesetzter, Nötigung 81.
Mineralwassersteuer, innerer Tatbestand 60.
Mittäterschaft, Bestechung 118.
— Meuterei 90.
Mittelbare Täterschaft, Amtsunterschlagung 91.
— Betrug 88.

Mitverschulden, fahrlässige Tötung 94.
Mordverabredung, besonders schwerer Fall 50.
Mündliche Verhandlung, Sitzungsprotokoll 53.
Münzverbrechen, Eignung zur Täuschungsabsicht 2.
— Nachmachen 2.
— Vorbereitung 93.
— Vorsatz 2.

Nachmachen, Münzverbrechen 2.
Nebenbeteiligter, Ladung zur Hauptverhandlung 13.
Nebenklage, Zulässigkeit 74.
Nichtigkeit 64.
Niederschlagung 79.
Notbetrug 95.
Notdiebstahl 95.
Nothilfe 98.
Nötigung, militärischer Vorgesetzter 81.
Notwehr 81.
— Straffreiheit 54.
Notzucht, mit Todesfolge 102.
— Versuch 102.
NSDAP., öffentliche Körperschaft 71.

Öffentliche Sicherheit 73.
Öffentliche Urkunde, Winterhilfslos 108.
Öffentlichkeit, Ausschluß 53, 76, 120.

Onanie, widernatürliche Unzucht 83.

Parteiverrat 103.
Plenarentscheidung 80, 83.
Prozeßbetrug, falsche Parteiaussage 58.
— ursächlicher Zusammenhang 29.
— Zeugenaussage 15.

Raub, Rücktritt vom Versuch 101.
— Vorbereitung 101.
Rechtsbeugung, Versuch 65.
Rechtserneuerung 108.
Rechtskraft 51.
Rechtsmittel, Beschränkung 32.
Rechtsvermutung, Zuckersteuerhinterziehung 84.
reformatio in peius 20, 51.
Reichsnährstand, politische Körperschaft 42.
Religionsgesellschaft, ernste Bibelforscher 104.
Revision, militärgerichtliches Verfahren 67.
Revisionsbegründung, Schriftform 40.
— Unterzeichnung 113.
Revisionsgericht, Bindung 97.
Richterausschluß, Verhandlung über nachträgliche Anordnung der Sicherungsverwahrung 77.
Rückfallverjährung, Entmannung 4.
Rücktritt, Versuch 101.

SA. Befehlsgewalt 105.
Sachübernahme, falsche Angaben 75.
Sachverständiger, Ausschluß der Öffentlichkeit bei seiner Vernehmung 76.
— uneidliche Vernehmung 27.
Schmiergelder, Strafantrag 39.
Schmuggel, Beförderungsmittel 59.
— Einziehung 59.
— Werterſatz 59.
Schutzhaft, Anrechnung 100.
Schwarzschlachtung 86.
Schwerste Strafe, § 268 StGB. u. § 42 Dev. G. 116.
Selbsthilfe 94.
Sicherungsmaßregeln 38.
Sicherungsverwahrung 20, 38.
— Gesamtstrafe 8.
— nachträgliche Anordnung 3, 51.
— Richterausschluß 77.
— Vergleich mit Entmannung 12.
— Verjährung 3.
Sittlichkeitsverbrechen, Verleiten 41.
— Versuch 41.
— Vornehmen 41.
Sondergericht, Verweisung einer Sache an den Volksgerichtshof 48.
Sondergesetz, kein §§ 350, 356 gegenüber § 266 StGB. 103.
Steueramnestie, tätige Reue 26.
Steuerverkürzung 60.
Strafanspruch, Verzicht 17.
Strafantrag 74.
— Beleidigung 114.
— Schmiergeldempfang 39.
Straferhöhende Umstände 32.
— Anrechnung beim Versuch 102.
Strafermäßigung, Meineid 14.
Straffreiheit, Einziehung 111.
— Notwehr 54.
— Revision 97.
Strafklageverbrauch 51.
Strafregister 4.
Strafumwandlung, Zuchthaus in Gefängnis 11.
Strafzumessung, Irrtum 96.
Straßenverkehr, Fahrlässigkeit 63, 106.
Sturmführer, Beamteneigenschaft 71.

Tabaksteuer 117.
Tateinheit, §§ 102 u. 112 StGB. 17.
— Amtsunterschlagung mit Untreue 103.
Tätige Reue, Steuerdelikt 26.
Totgeburt 89.
Totschlag nach Reizung 96.
Treubruch 6, 18, 43.
Treuverhältnis 6.
Trunkenheit, verminderte Zurechnungsfähigkeit 110.

Ungerechtfertigte Bereicherung 64.

Unlauterer Wettbewerb 39.
Unterbringung in Heilanstalt 45, 73, 79
Unterlassung, Strafbarkeit 87, 98, 105.
Unterschlagung 18.
Unterschrift, Namensstempel 40.
Unterwerfung, Devisenstelle 49.
— Rechtskraft 26.
Untreue 6, 18.
— besonders schwerer Fall 72.
— Börsenuntreue 19.
— fortgesetzte Handlung 19.
— genossenschaftliche 62.
— Grundschuldabtretung 69.
— Hauszinssteuer 68.
— Krankenkassenvorstand 115.
— Tateinheit mit Amtsunterschlagung 103.
— Treubruch 43.
— Wahrnehmung fremder Vermögensinteressen 85.
Unzucht mit Männern 83.
Unzüchtige Handlung, Landhelferin 66.
Urkunde, Fangbrief 82.
— Vorlesen, Vorhalt 24.
Urkundeneinsicht 119.
Urkundenfälschung 34.
— Abschrift 70.
— Gebrauchmachen 70.
— kaufmännische Handelsbücher 119.
— Posteinlieferungsschein 10.
— Quittung mit falschem Namen 78.
— rechtliches Zusammentreffen mit Hehlerei 61.
Urkundenfälschung, Tateinheit mit Devisenvergehen und Bannbruch 116.
— Winterhilfslos 108.
Urkundenunterdrückung, Fangbrief 82.
Urteilsfassung 56.
Urteilsform, Mordverabredung 50.
Urteilsgründe, Sitzungsniederschrift 53.

Verbrechen, besonders schwerer Fall 16.
Verletzter, Begriff 31.
— Geschäftsführer einer geschädigten Gesellschaft m. b. H. 37.
Verminderte Zurechnungsfähigkeit 38, 45, 96.
— Unterbringung in einer Heil- und Pflegeanstalt 79.
Vermögensbeschädigung, Betrug 107.
Vermögensstück, Anspruch auf Herausgabe des Übererlöses 69.
Verschlechterung, keine bei Anordnung der Unterbringung in einer Heilanstalt neben Anordnung der Entmannung 46.
Versicherung an Eides Statt 33.
Versicherungsbetrug, betrügerische Absicht 1.
Versuch, Anrechnung straferhöhender Umstände 102.
— Notzucht 102.
— Rechtsbeugung 65.
— Rücktritt 41, 101.

Versuch, Verschaffung von Abtreibungsmitteln 92.
Verleiten, Begriff 41.
Verteidigung notwendige, besonders schwerer Fall 16.
Volltrunkenheit 56, 57.
Vorbereitung, Münzverbrechen 93.
— Raub 101.
Vorläufige Einstellung 17.
Vornehmen, Begriff 41.
Vorsatz 21.
— Münzverbrechen 2.
Vorsitz, große Strafkammer 99.
— Vertretung 99.

Wahlfeststellung, mildestes Gesetz 112.
Wertersatz 59, 116.
Widernatürliche Unzucht, Bindung an frühere Urteile 83.
— Onanie 83.
Winterhilfe, besonders schwere Untreue 72.
Winterhilfslos, öffentliche Urkunde 108.
Winterhilfswerk, Untreue 85.

Zeugenbeeidigung, Verdacht der Begünstigung 80.
Zollhinterziehung 13.
Zuckersteuerhinterziehung, Tateinheit mit Branntweinaufschlaghinterziehung 84.
Zuhälterei, Verletzter 31.
Zurechnungsfähigkeit, verminderte 32, 110.
Zwangsversteigerung 29.

FSC
www.fsc.org
MIX
Papier | Fördert
gute Waldnutzung
FSC® C083411

Kolibri 360 GmbH
Ferdinand-Jühlke-Straße 7
99095 Erfurt, Deutschland
produktsicherheit@kolibri360.de